瑞典隆德大學副校長

卡爾‧沙利葉談人生

衝突的忠誠、困境的功效

時間的重要性　布魯斯獎得主致每一位年輕人

卡爾‧沙利葉——著

王瀠萱——譯

你是否因沒人陪伴而感到煩惱？你曾對信任的人失去過信心嗎？

若你一直在為未來做著美好的規畫，可是突然一切都被撕碎，
你還能撿起這些生命的碎片，繼續用它們編織美好的東西嗎？

畢業後的迷惘、社交上的挫折、生活中的苦難……
就讓卡爾‧沙利葉教授以溫柔的文字為你一一解答

目錄

CONTENTS

導言

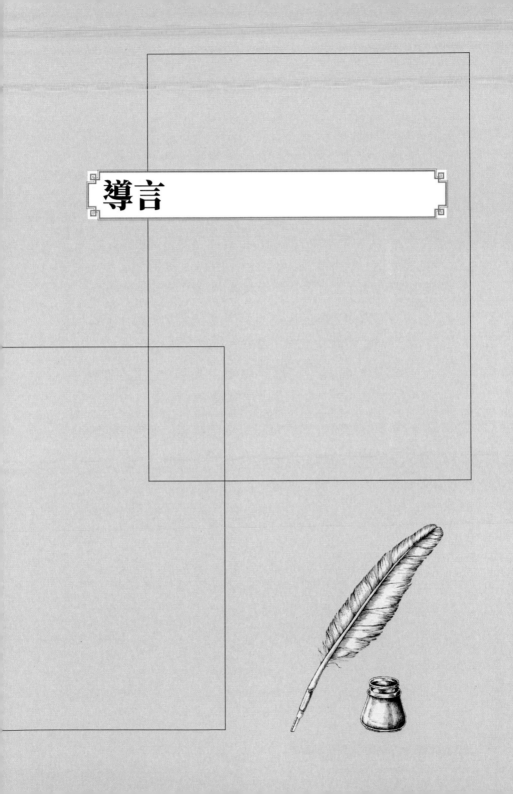

導言

卡爾 · 威廉 · 路德維希 · 沙利葉（Carl Vilhelm Ludwig Charlier，西元 1862 ～ 1934 年），瑞典天文學家、教育家。西元 1862 年 4 月 1 日，沙利葉出世在厄斯特松德[01]，西元 1887 年在烏普薩拉大學[02]獲得博士學位，先後在該大學和斯德哥爾摩天文臺工作過，任天文學教授。西元 1897 年起擔任瑞典隆德大學天文臺臺長、天文學教授和隆德大學副校長。

他曾對銀河系中的恆星及其位置和運動進行了廣泛的統計研究，並嘗試在此基礎上開發一種星系模型。他還提出了兆天文單位（100 萬倍地日間距離，地球到天狼星距離的 2 倍，約 15.813 光年）來計算恆星距離。

沙利葉對純統計學也有著深厚的興趣，並對瑞典統計學的發展有著重要作用，他數名在大學、政府和企業工作的學生都成為了統計學家。

他的研究與銀河系結構有關，他還根據約翰 · 海因里

---

01 厄斯特松德（瑞典語：Östersund），位於瑞典西部耶姆特蘭地區的一個城市。厄斯特松德也是耶姆特蘭省的省府所在地。位於斯圖爾湖東岸。

02 烏普薩拉大學（瑞典語：Uppsala universitet），一所世界著名的瑞典國立綜合性大學，其位於斯德哥爾摩西北 78 公里的烏普薩拉。它創建於西元 1477 年，是北歐地區的第一所的大學，常年躋身世界百強大學之列，北歐及全球範圍最好的大學之一，有「北歐劍橋」、「美蘇核競賽見證人」等美譽，在歐洲亦被廣泛視為最享有盛譽的學府之一。 作為瑞典最負盛名的綜合大學和北歐歷史最悠久的大學，許多著名科學家曾在此求學或任教，是諾貝爾（Nobel）、林奈（Linnaeus）等的母校。

希‧朗伯[03]的研究發展出一種宇宙理論，由此產生的朗伯‧沙利葉等級宇宙論，越大的空間區域所包含的物質密度相應越低，該原則的引進避免了出現觀察不一致的奧伯斯悖論[04]。

1924 年獲美國國家科學院[05]頒發的詹姆斯‧克雷格‧沃森獎[06]；1933 年被太平洋天文學會[07]授予布魯斯獎[08]。

---

03 約翰‧海因里希‧朗伯（Johann Heinrich Lambert，西元 1728 ～ 1777 年），瑞士數學家、物理學家、天文學家和哲學家。朗伯 12 歲就離開學校，但在從事多份工作之餘，他仍會利用時間讀書進修。這些工作包括當裁縫父親的助手，也做過鐵匠鋪的記帳員、報社的祕書和私人教師。在當私人教師時，他常借助東主家偌大的圖書館來求取學問。

04 奧伯斯悖論（Olbers' Paradox），又稱奧伯斯弔詭、黑夜悖論或光度悖論，是由德國天文學家奧伯斯於西元 1823 年提出，於西元 1826 年修訂，指若宇宙是穩恆態而且無限的，則晚上應該是光亮而不是黑暗的。在此之前，類似的想法已由克卜勒（Kepler）於西元 1610 年提出，後來於 18 世紀愛德蒙‧哈雷（Edmond Halley）及契蘇（Jean-Philippe de Cheseaux）等天文學家的研究中逐漸成熟。漆黑一片的夜空印證了宇宙並非穩恆態的，是大爆炸理論的證據之一。

05 美國國家科學院（United States National Academy of Sciences，縮寫：NAS），由美國著名科學家組成的組織，其成員在任期內無償的作為「全國科學、工程和醫藥的顧問」。美國國家科學院是在西元 1863 年 3 月 3 日由林肯（Lincoln）總統簽署法案創立的。

06 詹姆斯‧克雷格‧沃森獎（James Craig Watson Medal），是以加拿大 - 美國天文學家詹姆斯‧克雷格‧沃森的遺贈成立的獎項，由美國國家科學院頒發給對天文學有重大貢獻的天文學家。

07 太平洋天文學會（Astronomical Society of the Pacific，簡稱：ASP），成立於西元 1889 年，具備法定身分的非營利組織，總部在舊金山市。是世界上最大的天文學會，成員遍布 70 多個國家。

08 布魯斯獎（Bruce Medal），太平洋天文學會頒發最高獎項。每年頒發給

在職業生涯的後期，他將艾薩克·牛頓[09]的《自然哲學的數學原理》一書譯成瑞典文。1934 年 11 月 5 日，他在隆德去世，享年 72 歲。以他的名字命名的有：月球上的沙利葉環形山[10]、火星上的撞擊坑、小行星 8677 沙利葉、沙利葉多項式。

沙利葉的教育理念不僅培養學生的專業學習能力和今後步入社會的職業精神，更能從年輕人生理特點、良好行為習慣養成、禮儀教育和自我覺醒意識培養等都提出了自己的獨到觀點。

沙利葉任職的隆德大學（瑞典語：Lunds universitet），建於西元 1666 年，歐洲最古老的大學之一，為斯堪地那維亞最大的高等教育與學術研究機構。隆德大學為瑞典頂尖學府，名列世界第六十大、歐洲前二十大學府。其位於瑞典斯堪尼

一位在天文學領域做出重要貢獻的科學家，始於西元 1898 年。該獎項以美國天文學資助人凱薩琳·沃爾夫·布魯斯（Catherine Wolfe Bruce）命名。被認為是天文學界最重要獎項之一。

09 艾薩克·牛頓（Sir Isaac Newton，西元 1643 ～ 1727 年），英格蘭物理學家、數學家、天文學家、自然哲學家和煉金術士。西元 1687 年他發表《自然哲學的數學原理》，闡述了萬有引力和三大運動定律，奠定世界物理和天文學的基礎，成為了現代工程學的基礎。他透過論證克卜勒行星運動定律與他的引力理論間的一致性，展示了地面物體與天體的運動都遵循著相同的自然定律；為太陽中心學說提供了強而有力的理論支持，是科學革命的一個代表。

10 沙利葉環形山（Charlier），位於月球背面北半部的一座古老大撞擊坑，約形成於 39.2 ～ 38.5 億年前的酒海紀，其名稱取自瑞典天文學家卡爾·威廉·路德維希·沙利葉，1970 年被國際天文學聯合會正式批准接受。

省的隆德市，所在的城市約十萬人口左右。隆德大學的建立可以溯及西元 1425 年，方濟各會在隆德大教堂比鄰設立的中世紀大學（Studium Generale）。在瑞典於西元 1658 年與丹麥的和平協定下獲得斯堪尼省之後，現今的隆德大學則在西元 1666 年建立。

隆德大學有 10 個學院，包含另外在馬爾摩和赫爾辛堡設有的分校區，以及航空學院。2013 年的統計下，全年學生共有 47,700 人，其中約 6,400 人為國際學生，分別在 50 個科系的 800 個課程學習。隆德大學是歐洲研究型大學聯盟成員，也是全球 U21[11] 聯盟成員。

2016 年 6 月，隆德大學與瑞典科學委員會，已在隆德共同完成同步輻射實驗室四期 MAX IV 的建設，用於研究粒子加速物理。此外，一所正在建設中的跨領域科研機構，歐洲散裂中子源，也預計在 2025 年全面完工。

隆德大學自建校以來一直以隆德大教堂附近的隆德公園

11　U21（Universitas 21），一個由全球 21 所優秀的研究型大學所組成的大學聯盟。這一聯盟團體沒有中文譯名，僅以 Universitas 21 稱呼之。這個聯盟的宗旨是促進這些學校的教學、科學研究和學術水準；加強成員大學的世界交際能力；並且在成員之間建立國際性的共同標準和共識。Universitias 21 創立於 1997 年，至今成員分布於 12 個不同的國家暨地區，由 21 所大學所共同組成。最新加入的大學是印度德里大學，該校於 2007 年正式加入。這 21 所成員大學約有 500,000 名在校學生，40,000 位研究人員，並有約兩百萬名畢業校友。

（Lundagård）中心，另有一些學院系所散布在隆德市的不同地點，其中大部分集中在一個帶狀地帶，這個帶狀地帶從公園向北，穿過大學醫院並繼續向北，一直到市的東北周邊地區，在最周邊的就是工程學院的大校園，該院在瑞典又稱為隆德工學院。

隆德大學先進、開放的教育理念培養出很多基礎人才，如：菲爾茲獎、沃爾夫獎獲得者數學家拉爾斯・霍爾曼德爾（Lars Hörmander）、諾貝爾物理學獎獲得者物理學家曼內・西格巴恩（Manne Siegbahn）、諾貝爾經濟學獎獲得者經濟學家貝蒂爾・奧林（Bertil Ohlin）、諾貝爾生理學或醫學獎獲得者醫藥學家蘇恩・伯格斯特龍（Sune Bergström）、斯德哥爾摩學派的創始人經濟學家克努特・維克塞爾（Knut Wicksell）、《長船》作者本特松（Bengtsson）、在位時間最長的瑞典首相的政治家塔格・埃蘭德（Tage Erlander）等等。1999年聯合國祕書長科菲・安南（Kofi Annan）獲該校榮譽法學博士。

第一章
人生新起點

第一章　人生新起點

　　人生充盈著無數可以重新開始的機會。如果一個人認為他不再有機會補救以往的過失，那麼勇氣和希望也就從此向他訣別了。喬治・艾略特[12]說：「你要想成功，什麼時候都不晚。」只要有堅定的信念，就一定會成功。艾薩艾斯・泰格納[13]曾經寫過一首十四行詩〈機遇〉（*Opportunity*），詩中他對「機遇」是這樣詮釋的：

> 曾經
> 我毫不吝惜的叩擊每一間房門，
> 那些猶豫和遲疑的人兒注定遭受失敗，貧窮和困境。
> 想找尋我是徒勞無用的。
> 我不會做答，也不會再回頭。

　　沃爾特・馬龍[14]，用一首同樣主題的詩歌，反映了他對生命的不同看法。詩中，他這樣看待機遇：

> 當我一度敲門而發現你不在家時，
> 有人說我會一去不回，但是他們錯了；

12　喬治・艾略特（George Eliot，西元 1819～1880 年），英國小說家，與狄更斯（Dickens）和薩克萊（Thackeray）齊名。

13　艾薩艾斯・泰格納（Esaias Tegnér，西元 1782～1846 年），瑞典作家、詩人、教育家、神學家。曾任隆德大學希臘語教授。瑞典現代詩歌之父，被譽為瑞典「走向現代第一人」。

14　沃爾特・馬龍（Walter Malone，西元 1866～1915 年），美國作家、法官。曾就讀於密西西比大學。

因為我每天都會站在你家門口，

等待你醒來，並伴你去戰鬥、去勝利。

誠然，後一種觀點更加準確，更鼓舞人心。

對於一個擁有進取心和對未來有著無限熱情的人來說，機會是能一次又一次降臨於他的。的確，如果一個人不具備開創嶄新生活的精神，他就不會擁有成功的機會。有這樣一位紳士，他享受著樂觀、積極向上的生活品質，每天清晨醒來時，他都會說：「今天又將是一個美好而充實的一天！」我們沒有理由不以這樣的精神狀態向一個又一個清晨致敬。

新年將至的那一刻，我們翻開生活中嶄新的一頁。在新的一年裡，我們即將書寫新的篇章，這對生活本身就是一種激勵和鼓舞。儘管生活中充滿了未能實現的承諾，但是我們依然會豪情萬丈的奔向美好生活，而世界恰恰就因為這樣的蓬勃生動而變得格外美麗。

新年時節的大自然沉浸在春光盎然之中，催著葉吐綠，鮮花綻放，招呼著那鳥兒築巢。然而對於人類來說，真正開始工作之日既不是元月一日，也不是三月二十一日，而是初秋時節。在這個時節，那些曾經沉寂了整個夏天的各種活動開始呈現一派新的生機和風貌。店面煥發生機，一片繁榮；教堂在冷清了一個假期後也重新開始行使神聖的職能；慈善機構也重整旗鼓，開始了新的一年的活動；師生們經過了假

第一章　人生新起點

期的休整後，以充滿活力的嶄新姿態重返到工作和學習中；就連空氣都瀰漫著喜悅和活力。

這個時期無論對老師還是學生們來說，都是一個新的開始。當我意識到生命的長卷又被翻過了一篇，而新的篇章正在展開的時候，我總是有一種難以抗拒的興奮。我也總是被我所擁有的新機遇所觸動 —— 那些機會讓我重新補救以往過失，讓我能夠將過去一年的失敗統統翻過，從而開始新的生活，這讓我內心無比感激。

假期結束後重新回到學校，學生們感覺一切都是那麼的不同。學校裡每年都會出現一些新的面孔，每年都會有不同的老師和同學組成新的班級。重新再來的機會充盈在其中。新的科目會喚醒你沉睡的力量，老師也會迸發出意想不到的熱情。除此之外，沒有什麼東西能夠為你的生活帶來如此新奇的意義。

但對於那些第一次離開家鄉、踏上大學之路的大學生來說，他們所要進行的轉變是最大的。這個時刻成為了成千上萬年輕男女的人生轉捩點。這是他們人生中最寶貴經歷的開始。從那時起，他們才算開始了真正的生活。那些無法在新的生活中真切感受到自己靈魂激盪的學生必定會萎靡不振，感到生活的乏味。我非常理解我的一位朋友離家求學前一天晚上的心情，她幾乎一夜沒合眼，內心充滿了期待的喜悅。

離家求學，獨自來到一個陌生的環境，最顯而易見的好處就是你有幸得以把自己最好的一面展現於人。當我們和同樣的一群人在朝夕相處時，這些人對我們的脾氣秉性瞭若指掌，可能已經意識不到我們時刻都會萌發出新的思想並付諸努力，他們的腦海裡留下的只有我們過去的種種失敗和錯誤。但是當我們置身於陌生人中時，他們是不會輕易發現我們的缺點的，除非我們主動將自己的缺點展現出來。你有過失誤嗎？你一次又一次的失敗過嗎？你有沒有自私的行為並漠視他人的權利嗎？不要讓他人從你的行為中辨認出你曾經的樣子。你有沒有懶惰過，虛度光陰，並過於重視那些微不足道的事情？在陌生人當中，這些缺點會被掩埋，永不見天日。人們不會以過去的所作所為對你加以判斷，而是會以你現在的狀態去判斷和評價你。

　　應該培養一種忘掉過去的習慣。「我會督促自己向前看，忘記過去的事情」，這就是史威登堡[15]對過去生活的態度。當然，除了這些，會有許多你不願忘記的事情，那些回憶可能是令人振奮的聯想，也可能是因為戰勝了弱點而給未來帶來勇氣和力量的記憶。然而，除此之外，還會有很多錯誤和失敗的記憶是揮之不去的。從某方面來說，儘管它們不能被抹

15　史威登堡（Emanuel Swedenborg，西元 1688 ～ 1772 年），瑞典著名科學家、哲學家、神學家和教育家。

殺，但卻可以透過未來加以彌補。不斷追憶過去的痛苦和遺憾只會讓自己萎靡不振。而事實上，鼓起勇氣生活並發揮你最大的能量才是對未來最大的期待。

一般情況下，生活分為四個等級。知性的生活，有道德感、有精神追求的生活，有社會交際的生活以及有生理需求的生活。你所要做的就是隨時調整生活狀態來滿足自己不同的需求。這不是一件容易做到的事情，甚至由於未能做出調整，使很多似乎很有前途的事業，最終不得不擱淺。的確，如果一個人能在任何年齡階段裡，使自己的生活和諧、平衡，以及上述的要求得到滿足而不會變得雜亂無章，那他就真是一個聰明人。而事實上，我們當中的大多數人只能兼顧一二。我們所說的最好就是朝著最完美的目標隨時調整，隨時前進。儘管很少有人成功。

在女子學校中，成千上萬的女生只強調她們天性中社會性的一面，而忽視其他方面。生活成了一輪又一輪的舞會、晚宴和社交娛樂活動，這些本應該是生活的調劑品現在卻成了生活的主調。所以，總會有這樣一群人，她們的生活中充斥著各式各樣的社交娛樂活動，而那些精神追求卻蕩然無存。

我們能夠看到在許多男子學校中，人們經常是忽略了知識的學習，而對體育特長有著荒唐且極其誇張的重視。這種心照不宣、沿襲至今的重視使得瑞典的獎學金制度遜色於歐

洲的一些國家。對於女性來說，體育特長通常不會影響她們求學期間的學業成績，然而戲劇和社交活動等其他活動就不同了，它們都是學業成績的重要參考。

　　只注重智力忽略品德、情感的人注定是一部「頭腦清晰，但內心冷酷，只懂得邏輯思維的機器」，算不上一個真正的人才。這樣的人缺乏同情心和精神追求，無法將其內心深處美好的一面挖掘出來。愛默生 [16] 開誠布公的說，「如果一個人成為思考機器，那他的思考就不是一個有血有肉的思考。」一個學生如果只是一部學習機器，那麼他根本無法充分利用屬於自己的機會，獲得優異的學習成績。與之相反，如果他只是一味的機械思考，而為此犧牲了生活的其他樂趣，那麼他根本不可能成為一個真正意義上的學者。

　　一個人很有可能只看重生活中道德的方面，但這並不意味著要無限抬高道德標準，以至於自己的人格特質無法企及。道德的真正意義不僅僅是要做個好人，還要實實在在的去追求生活的真諦。那些過度強調責任和義務的人其實過著一種狹隘、沉悶的生活。

---

16 愛默生（Ralph Waldo Emerson，西元 1803 ～ 1882 年）， 美國思想家、文學家、詩人。愛默生是美國文化精神的代表人物，美國總統林肯稱他為「美國的孔子」、「美國文明之父」。以愛默生思想為代表的超驗主義是美國思想史上一次重要的思想解放運動，被稱為「美國文藝復興」。

第一章　人生新起點

　　由此可見，在生活的哪些層面上該花多少時間、投多少精力，是年輕的學子們未來必須要學習的最困難的一課。

　　有些人把物質生活看成唯一的生活方式。白朗寧 [17] 在這方面持有正確的觀點，他說：

　　為人類設置這樣一個考題 —— 當你的身體處於最好狀態時，你的靈魂會延伸多遠？

　　物質生活應該從屬於腦力和精神生活，然而肉體也應得到尊重，因為它畢竟是靈魂和精神的載體。「豈不知身體就是聖靈的殿堂嗎？」我們的首要任務就是保持身體健康，使它成為意識運作的有效工具。無論對於自己還是他人，保持健康都是我們最應該重視和遵循的守則 —— 堅持鍛鍊，保證睡眠，充分休息和健康飲食。但是令人不解的是，沒有多少人，特別是女性鮮有重視這一簡單規律的，這對每個人來說，本應該是顯而易見的重要問題。違背這樣的規律很快就會受到懲罰。那些忽視自己健康的女性也不可避免的要遭殃。如果說我曾經對大自然的任何智慧產生過懷疑的話 —— 事實上我對此深信不疑 —— 那就是當我看到那些年輕、無知、無閱歷的女孩們，對她們的健康如此的不重視，我總會

17　白朗寧（Robert Browning，西元 1812 ～ 1889 年），英國詩人、劇作家，代表作：《戲劇抒情詩》、《環與書》，詩劇《巴拉塞爾士》等。維多利亞時期代表詩人之一。

嘆息，她們這種固執的觀念和行為可能會造成悲慘的結局！為了擁有健康的身體，即使需要你一定程度上否定自己，甚至付出極高的努力和代價為基礎，也要心甘情願的去做！

　　參與社交活動的欲望是正確的，也是符合人性的規律的；而那些迴避社交活動的人的行為是違背常理的。然而社交活動很可能會以這樣或那樣的潛在危險，為尚在求學階段的年輕男女帶來困擾。那些經歷失敗的人或者被迫退學的人，往往並不是因為他們能力不足或者準備不充分造成的，而是由於在全新的應酬活動和名目繁多的社交活動中不小心失足。心智被社會中形形色色的誘惑充斥著，以致荒廢了學業。有的大學裡正在實行相對寬鬆的管理方式，事實上，正是這種寬鬆的方式導致了極其嚴重的後果。而有的學校實行的卻是嚴格的管理制度，學生也因此能夠憑藉嚴格的制度來管理、約束自己，從而擺脫形形色色的誘惑，救贖自己。有必要說明的一點是，你的生活中不能讓「朋友」和「快樂」壟斷。對於一個理性的學生來說，學習是第一位的，而享樂是其次的。當你被好朋友包圍時，你面臨的最大威脅就是時間的悄然流逝。時間一分一秒的在與朋友的喧鬧中溜走，從而無暇去過一種美好充實的生活。與之同時消逝的，還有一個人的個性。我認識過一些女孩，她們只要自己獨處半小時就會感到極度悲傷。因為她們沒有自己的快樂來源，她們找不到自

己。她們完全成了一個寄生蟲，需要在別人那裡吸取養分。她們的生活中缺少獨立精神，要靠別人獲得快樂，而這種做法在年輕時還被允許，長此以往，垂垂老矣時也無法獨立，一個人要態度友善，善於交際，酣暢淋漓的向別人奉獻你的愛，但前提是務必保持你的個性與獨立。

我們對朋友的選擇是不同的，我們的不同選擇最能彰顯出我們的個性。而選擇知己時更不要操之過急。很多女孩草草的選擇了朋友，一旦發現問題，將付出了極大的代價來掙脫這份友誼，結果不但讓自己傷心、難過，也讓對方受到極大的傷害。日久見人心，選擇一個一生的朋友要慎重，慢慢來，無論何時何地都要記住「發光的未必都是金子」。

知性生活把人和粗野的生物區別開來。學校存在的目的就是為了培養學生能學會知性的生活，無論學生是否願意接受這個事實。有一個能自律的、受良好教育的頭腦是人生一大幸事。命運的變故並不能奪走我們的精神財富。精神財富的價值永遠不會泯滅，反而會增值，當我們所依賴的物質生活逐漸消逝，它的價值就更加凸顯出來。

如果我們對於金錢過於依賴，精神財富就會插翅而飛；健康也會有如水中之月；朋友也會離你而去。在籌劃成功，期盼幸福生活的過程中，我們追問何為人生中最持久的滿足，過著知性的生活難道不是一種智慧嗎？不應該為短暫的

歡愉而犧牲這所有的一切。

　　我們應該不遺餘力的培養這種冷靜且訓練有素的應對問題的能力。這種智慧和成熟思想不經過努力是無法獲得的，也無法單憑坐在課堂上聽講或者大量背誦而使其得到鞏固。有正確價值觀念的人會把生活安排得井井有條，他的決定不會被眼前的狀況所左右，而是會深謀遠慮。

　　要知道，魚與熊掌不可兼得，對於沒有經驗的年輕人來說，很重要的一課就是要明曉，有時候為了能夠得到更好的，必須犧牲眼前利益。生活總是如此，到了應該知道這些事情的時候，拖延時間毫無益處。對於日常工作要百分之百的盡力，如果你連工作都沒有做好的話，在其他方面也難以獲得成績。全神貫注的投入工作，並運用正確的工作方法，這些工作之道應該全面系統的學習。

　　最後，我們人類擁有道德品格與人性。一個人即使有極高的智力水準和出眾的社交天賦，如果人格缺失的話，那麼在很大程度上也不可能得到滿足和成功。人格是一切成功的基石。如果基礎不扎實，何談上層建築的穩固。哈格斯特羅姆 [18] 說過，「用你所得到的一切去獲取智慧。」他所指的是超越知識的東西。是對生活和人性的真知灼見。是人類道德層

18　哈格斯特羅姆（Axel Hägerström，西元 1868 ～ 1939 年），瑞典哲學家、作家。

面的真諦。學生最最讓人羨慕之處是可以全力為理想的生活而奮鬥。如果在精神和道德的塑像面前，你覺得渺小，那麼變得強大就是你神聖的職責。還有比身處學生時代更好的機遇嗎？這裡有理想的生活條件，令人感興趣的課程，時時刻刻給予你鼓勵讓你奮進的老師，更有理解和欣賞你的朋友和大把的閒置時間，你可以透過這一切去獲得個人的能力。

記住，人格不是自己生成的。不要妄想不勞而獲。眾所周知，如果你想擁有良好智力水準，可以透過不斷的學習和訓練大腦來獲得。然而，目前為止，人們很難理解究竟什麼事情和人格的培養有關。

對於人格培養有這樣一些言論。用羅伯特‧威爾森[19]的話來說，就是「人格是副產品」。正像他所說的，不管你是否願意，它都會在你在生活中堅守崗位。你無須刻意說：「我要提升我的人格。」你只需要說：「我將做好我眼前的事。」不退縮，不迴避，或許只有這樣你的人格才能真正提升。

要想提升人格，沒有比學習更好的方法了。的確，對於任何值得去做的事情，行動起來是最為行之有效的。古語云：「付出才有收穫。」人格的形成也是如此，是在個人欲望的激發下透過努力、奮鬥逐漸內化而形成的。意志透過主動選擇正確的事物而變得強大，而不是把正確的東西強行加諸其上。

---

19 羅伯特‧威爾森（Robert Wilson），美國戲劇導演和舞臺設計師。

外出求學會帶來什麼里程碑式的變化呢？你的靈魂之窗會朝四面八方敞開。你將學習到或者說你應該學習到什麼東西是最有價值的。生活遠比你想像的更豐富，它們美妙絕倫、情趣無限和魅力誘人。這意味著即使你竭盡全力卻仍然只能掌握住其中一小部分知識，那些無窮無盡的知識必將永遠吸引它的愛好者。生活是如此短暫，你可能只能做完想做的事情中的一小部分。當我們理解這個觀念就明白時間的真正意義。時間就是生命，只要我們明白了這個道理，只要我們掌握了生活的真正價值，我們也就不會再荒廢時間了。

第二章
學習的目的

第二章　學習的目的

　　人類的大腦可以充分展現出我們在獲取知識和技巧方面的超凡魅力。它被創造出來並存在於這個世界上，可以使我們在接受教育之後迅速提升到一個更高的生活狀態。在這裡，我們把天賦和能力擴展開來分別闡述。訓練大腦的主要目的應該是使你的心靈出色的完成它的任務。

　　此時此地，有一位叫費格森的年輕男子。他能夠在牧場裡放羊，也能夠根據一點線索準確的標記出星星的位置，還能夠用他的小刀在木頭上刻出手錶，但這樣主動找事情做的例子比較罕見。絕大多數人需要在別人的鼓勵之下才能繼續前進；需要借助別人的講授指導才能進步，需要透過別人的指示、說明來引導他們成長。

　　可能人世間僅有少數人曾經完成過他們的夢想、或者是曾經完成過他們應該完成的任務。其中的一個主要原因就是 —— 這些人把大量的時間都投入在他們獲取自己所需要的經驗之上了。正如我們會回顧曾經學生時代的美好時光一樣，我們可以發現在這裡曾經走過彎路，在那裡曾經犯過錯，在這裡曾失去了一個大好機會，在那裡曾經養成了一個不良習慣，或是接受過一個錯誤的偏袒。有時，我們感嘆時光不可重來，無法在借鑑我們現有經驗之下而重新開始我們之前的生活。

　　毋庸置疑，大多數人經常處於被教育的狀態之下，他們

可能永遠不能達到優秀的水準。也可能有些人從來就不能達到優秀，即使在很多情況下他們是有這個可能的。能成功達到優秀的人還是少數的。可能大多數人經常都會有這樣那樣、或強或弱的渴望，渴望得到他們期望的名望和利益。但無論怎樣，他們似乎是在一種無知的狀態下被誘惑危險包圍著；他們經常很快就忘掉了如何自我激勵和進取，因此他們經常在希望和恐懼、堅決和勸阻之間躊躇不定。

當回憶過去，他可能會發出一聲嘆息，然後告訴自己，在那裡他曾經浪費了很多時間和失去了許多可能的優勢。假如能把時間碎片拼湊起來的話，你很可能把你的研究推進到新的領域之中。正如人們心中不朽的培根（Francis Bacon），聚集了大量的知識儲備，因傳承了那早已遠離我們的偉大心靈，為我們留下了可以繼承的財富。

由於挖掘，我們擁有了最上等的黃金。

究竟那些頭帶新羽毛快樂跳舞的印第安人和有如此思維方式的牛頓（Newton）或是波以耳[20]有多麼大的不同呢？又是什麼造成了他們之間的不同呢？在原始野蠻之中也有著充分的思維方式，但它的精神就如大理石柱子一樣，有一個精美

---

20 波以耳（Robert Boyle，西元 1627 ～ 1691 年），愛爾蘭自然哲學家，煉金術師，在化學和物理學研究上都有傑出貢獻。雖然他的化學研究仍然帶有煉金術色彩，但他的《懷疑派的化學家》一書仍然被視作化學史上的里程碑。

第二章　學習的目的

的塑像鑲嵌其中，但是雕刻家的手卻從未用鑿子雕琢過它。

野蠻的心靈從未被學習所秩序化，因此在比較的過程中，它就像森林裡粗野的北歐野牛一樣顯露出來，只是在耐力和凶猛方面有所區別罷了。

當問及人類的能力是否趨於自然平衡這樣一個問題時，我認為，每個人在處理某件事的過程之中都會有突出的能力。

曾有這樣一個受教會照顧的男孩子，曾被界定為是一個除了愚蠢什麼也不剩的人。老師們曾經試圖努力爭取使他進步，但對這男孩子來說卻無濟於事。這使得老師們認為自己作為這個男孩的引導者，想透過教育他來在社會上提升自己的聲響是多麼的沒有希望。最後，有一個教授試著讓他學習幾何學，由於這非常適合他的智商，因此他成為了他所處時代的第一流的數學家。

我曾在公共場合裡看到過這樣一個男孩，他在上千人驚訝的凝視之下爬到了高聳的公共建築的避雷針上。當時，狂風肆虐，避雷針時而搖晃、時而顫抖。直到他到達那最頂端195 英尺高的風向標時，在場所有的人無不在擔心著他會掉下來。但令我們訝然的是，最後他竟然爬到了風向標上，並且把他的腳置於其上。他在空中猛烈的揮舞著手臂，如同狂風搖擺著那矗立著的風標一樣揮來揮去，直到他站到疲憊不

堪之時才悠閒的下來。我不否認這是一種存在著高風險的思維能力，但在那之後就沒再聽說過他了。不但他的思維沒被培養過，就連智商也未曾偏離原有簡單的軌道。我還想說，當這個窮孩子被界定為把如此非凡的冒險當作一個範例詮釋給眾人的人時。我情不自禁的祝願他：但願在他設法克服恐懼，勇敢的面對這次冒險之前，人們就已經小心翼翼的指導他那無畏的天賦進入正常的軌道了。

我曾用過一個冒險的詞，很古老，它就是「天賦」。雖然說天賦培養了人們怪癖的習慣，但設想它與天賦是不可分割的，也就不足為奇了。就有一些這樣的人，憑藉這種天賦，以一種另類的方式做一件普通的事。他們既不把自命不凡設定為一種天賦，也不把斷言當作一種性格。這樣的人在這世界上恐怕也是寥寥無幾。也有少數人雖然心存極大的嫉妒，也去盡量的效仿，但事實上真的只有太少的人可以變得更出色。因此，努力學習的目的不是製造天才，而是要以一種普通的模式去建構思維方式，以便更為機智有效的處理事務。

天才的頭銜並不能令一些年輕人垂涎，也似乎沒幾個看起來對勤奮用功以及深入研究有耐心。謙虛的說，一個真正天才的象徵在於他與其他人的思考方式上有著極大的不同，與此並存的他還有更多的耐心。你可以有良好的思考方式，明智的判斷力，豐富的想像力以及寬闊的思維和視野，但

第二章　學習的目的

請相信我，你很可能不是天才，你未經艱苦卓絕的奮鬥可能永遠都成不了天才。因此，所有你所能得到的一定是你努力工作不知倦怠的結果。你有朋友鼓勵你，有書本和老師幫助你，還有那大眾的力量，但畢竟訓練你的思維是你自己的任務，沒人能代替你做此項工作。沒有辛苦的勞作，這世界就沒有什麼是有價值的。

沒有耐心的學習就沒有真正的卓越不凡，這是照亮你前方道路的明燈。如果沒有教育、沒有學習，即使是閃亮的東西也是不真實的，也只是一瞬間的。我們把它視為事實，對事實而言沒有例外。我們必然要為我們想擁有的東西付出所有的努力，對於未經自己努力而得到的東西也不值得去占有和索取。

那些點綴太平洋的如此美麗的小島啊，它們是如此美好，看上去似乎是許許多多的伊甸樂園。傳說，它們是由海中的珊瑚蟲養大的，一時間淤積了沙石，這些沙堆堆疊形成整體，這也是一種努力之下的結果。思維最偉大的成果是從小累積，然後繼續努力。我曾不停的回憶一名卓越學者的成就，以一種獨特的方式欣賞他。依稀記得那是一幅大山的畫面：一個男人在山腳下，帽子和衣服就扔在他旁邊，他手中揮舞著鎬頭一下一下的挖。他的耐心似乎與其言行一致——「一點一點來」，聚沙成塔。

教育的首要以及最終目的是思考方式的規律化。思維本身自然的像一匹小馬，充滿野性、不易馴服。讓任意一個多少還未被封閉思想束縛了思考方式的人坐下來拿出這個題目試著去思考，結果將會是他無法操縱自己的思維，使之與目標一致。他會偏離軌道。當他再度集中注意力，決定現在就把思維集中到一個點時，他立刻再次發現自己已經又一次偏離了軌道。此項過程又被重複了一遍，直到他氣餒放棄或是勞累睡去。

　　在朝氣蓬勃的學習時期，學習羅列大量的資訊並不重要，重要的是要形成一種適合未來新鮮事物的和實用有效的思考方式。備戰的火藥庫終將會被填滿。但我們在準備的時候不要過分焦急，以免適得其反。最終的目的是用一種畢生堅持不懈的努力來改善和提升思考的能力。你一定會計劃用畢生的時間去提升自己。因此現在就試著養成學習的習慣吧，學會怎樣去占有優勢。牛頓在 85 歲時仍然在不斷的改善他自己的時間安排，瓦特（Watt）在 82 歲時被公認還有那不滅的詩歌般的動力。

　　要把注意力定格在學習上變為學習的首要目的。即使是能做到，在這個過程中也要克服許多困難；若做不到，就會在學習的某些方面徒勞無功。「要想使學習的目的奏效，注意力就必須集中。」假如將任何一個無關的幻想主題與一個

第二章　學習的目的

應該完全在注意力集中之前就被分解開的情況進行對比，兩者就都會失去各自的意義，以至於無法產生效果。「我認為一般情況下，在學習方面，記憶抽象觀念與將注意力集中於主題之上相比是毫無用處的，除了思考方式，什麼也沒注意到。」

在這裡，我不禁要問：「如果你永遠不能控制你的注意力，那你是否習慣屈服於你的欲望和熱情呢？」「是的。」一個認為他的欲望就是他的主宰者的人回答，而且他認為欲望能夠嚴謹而有規律的履行它的自然職責。但比永久影響更有優越性的東西，一定會先變得比他的熱情更有優越性。為什麼一個男孩把他的一大筆錢放到了寫字的石板上，皺起眉頭，然後來回揉搓，在一次次重複這個動作的時候他變得灰心了。因為他還沒有學會控制自己的注意力。當新思想貫通他的大腦，新事物牽引他目光的時候，他就會失掉一連串的思考結果。為什麼拉丁文或希臘文會混淆你的記憶，讓你不得不每隔十分鐘就要去查字典呢？為什麼你現在會把他當作陌生人，他的名字你本來知道，但你卻想不起來。這是由於你還沒有完全獲取集中精力的能力。你是否有過這種經歷，自己在很久以前曾經記過的單字，當你再一次看到它的時候，就像陰影閃過一樣，是否如果不集中精力，同樣沒有辦法想出它的意思？

解決限制注意力的難題很有可能就是雅典政治家、雄辯家狄摩西尼 [21] 成功的祕密。他曾保持沉默的在著名的黑暗山洞裡學習，這一段經歷被後世傳為佳話。

　　我曾不只一次的發現孩子們在暑假拿起自己的書，從房間逃離到附近的花園或是山洞。當他們再回來的時候，卻充滿了憂慮。同樣再換一個地方，注意力的分散就給他們一些新的干擾。如此難以形容的焦躁不安，與早期努力克制思考方式有明顯的不同。所有的努力都變將成徒勞，你無法擺脫你自己的困擾。最好的方法是在你原來的房間裡正襟危坐，這樣你就能指揮你的注意力，把它集中在艱難而枯燥的學習上，並且掌握它了。

　　耐心是一種美德，它與注意力有親緣關係。據說，沒有耐心，思考方式就不能規律化。耐心的勞作和調查不僅是學習方面不可或缺的成功方法，而且是成功的保證。年輕人感覺處於危險之中時，可能就是新的成就出現之時。因此，他必須保持精神的快活和樂觀的希望。他必須牢記謙虛可不斷的戰勝自我。然後，他會突然顯現在這個世界上，重磅出擊，他的臂膀就是他的力量。多年的自我約束、耐心的學習以及辛苦的勞作，可以使他登峰造極。在你了解這些之前，

---

21 狄摩西尼（Demosthenes，西元前 384 ～前 322 年），也譯作德摩斯梯尼或德摩斯提尼，古希臘著名的演說家，民主派政治家。

他已達到了阿爾卑斯山的高度，有一種高聳的感覺，向下望著匍匐的植物。因此，大多數人一生都在浪費生命，等待時光完全吞噬了他們的生活，他們什麼也不做，只是空想等待一個個良機去閃亮登場。當一個人出類拔萃之時，一定是經過了一番極大的努力。大樹難道不是在慢慢的、漸漸的生長？小樹苗一定是有了三個年輪之後才能讓樹上的果實落地。噢！在如此期盼之中成長的果樹永遠不可能比矮樹叢矮。每個年輕人應該記得，一個想要拉動公牛的人，一定先是每天能拉動小牛的人。那偉大的科學家牛頓，在他轉過身研究的時候，發現他的小狗弄翻了他的桌子，桌子上他已寫了多年的論文被毀掉。但他仍然能夠鎮定自若的說：「寶貝呀！你不知道你闖了大禍嗎？」然後毫無怨言的仔細的重新開始他的工作，繼續完成它。在這個例子裡，耐心發揮著至關重要的作用。令研究界遺憾的是現在已經沒有多少人有耐心坐下來夜以繼日、年復一年的研究、工作了。在對年輕人的教育中培養這種性格特點很不容易。

　　學生應學會思考以及表達自己的觀點。原本真實的自我是用自己的方式把事做到盡善盡美。多少接受過教育的人會紳士的模仿他人。但「沒人曾因效仿變得偉大」。最大的原因是：學會一個偉人的缺點和討厭之處比學他的優點要容易

得多。那些模仿詹森[22]的很多人，有多少比他們那浮誇自大的語言還有更多的內涵呢？一些試著緊跟拜倫（Byron）其後的人，有多少是以歌唱為生的呢？沒有。他們除了對他們的缺點品頭論足之外什麼也沒模仿到。摒棄那些有成就之人的才華，只學到令人討厭之處。

　　模仿或是借用很容易，做這兩件事，比自己做事還容易。但坐下來盤點一下，沒有任何一個模仿者曾達到卓越。在性格易受控制的特點影響下，你需要有自己的性格特點。讓我們記住，我們很難重複他人的長處和優點，我們必須用耐心和勤奮去獲取成功。

　　學習的另一個目的，是提升識別力或是判斷力，以便有思考的能力，平衡各種觀點和理論。沒有此項能力，你可能永遠不能決定什麼時刻讀書，什麼時刻將所讀之物拋到一邊；信任什麼樣的作家，接受什麼樣的觀點。大多數人和勤勞的讀者都會在未完成理想的情況下，用畢生的經歷去追求平均判斷力下的目標。他們所聽到的最後的理論可能是真實的，儘管事實所證明其有缺點；他們讀的最後一本書可能是精彩的，儘管它沒什麼價值；他們最後獲取的東西可能是最有價

---

22 詹森（Samuel Johnson，西元 1709 ～ 1784 年），常稱為詹森博士（Dr. Johnson），英國歷史上最有名的文人之一，集文評家、詩人、散文家、傳記家於一身。他耗時九年獨力編出的《詹森字典》（*A Dictionary of the English Language*），為他贏得了聲譽及「博士」的頭銜。

第二章　學習的目的

值的，因為對其了解得最少；因此，大多的目標都會被堅持不懈的實現，儘管在實踐生活裡毫無用處。「我曾看到一個牧羊人，習慣了在幽居裡自娛自樂雜耍雞蛋，總是能不打碎雞蛋就抓住它。」義大利作家說，在這方面，他達到了盡善盡美的程度。他幾分鐘之內可以一次性一起投四個，並在空中玩耍，又依次落入手中。他出色的堅持不懈與合理的操作，把精準和嚴肅集於一身。雖然我不可能做到這些，但這卻可以從另一個角度折射自我。同樣一絲不苟的集中注意力，同樣的以正確的方法專注於所研究的事物，這很可能會產生比阿基米德（Archimedes）還偉大的數學家。在道德原則方面相似的例子不少 —— 我認識一個男孩子，把大量的時間用在學習閱讀上，讀得極為流暢，甚至能把書倒背如流，他還熟悉所有拉丁文的語法。這不只是浪費時間，而且有一種培養做無用之事，得無用之物的感覺。這只是學習和教育的一小部分，知道你應該做什麼，不應該做什麼，渴望知道什麼。

假如我所說的任何一件事，給你的印象是我不認為一個人有必要通曉大量知識，而變成博學、有影響力及有用的人。那接下來，我將修正你的感覺。這裡我要說的是，作為一名學生最大的目標，是時刻準備把他的思考方式用於將來可以集中到一起使用的事物上。

影響世界最大的工具是思考方式。沒有什麼工具能像思

考方式一樣，在練習和使用之後能使你有決定性和持續性的進步。

　　一些學生思維的人願意設法看清努力會帶來怎樣的結果，以及那少有的蒼白無力的想法可以擴散得有多遠、多廣，但這是狹隘的。同樣，過多的斥責也是很危險的，怕的是寬容被耗盡，或是耐心被削弱。弓被彎掉一半，怕的是用力過猛，失去它的弓力。但你不須恐懼，你可以找回你的思考方式。對你而言，思考方式將是那所有方法之中最好的選擇。同樣的問題第二天，你可以再重複一遍，每次它都會對你的提問有更充分的回答。記住真正的思考規律不是由你不時做出的極大努力構成的，而是在於訓練思考方式時的不斷努力。如果你要你的規律性完美起來，那在你的學習期間一定要堅持不懈的努力。完美的思考方式是不可能在一些極大的不測事件上產生錯誤的，它能勾勒出一個巨人的實力。這種完美性總能在特定和恰當之時產生一種特定或平衡的結果，這就是牛頓思考方式的榮耀之處。

　　人類自然的學習是教育的重要組成部分。我知道它存在於一些有許多想法的人的身上。

　　假如學生沒有深入而深刻的見解，而是被封閉在大學課堂裡，那將是他自己的錯或是導師的錯。積極生活的人會很準確的判斷事情的發展方向，以你所期盼人們在這樣的場景

第二章　學習的目的

裡應有的方式去判斷。在這些方面，他們的總結是準確的，雖然他們仍能看見的不是行為的動機，也沒有深入窺視到行為的精髓中，但他們還是操作準確的研究者。他們深入研究人類的自然規則，這些規則不因時代、潮流以及外部環境而改變。這就是為什麼受過教育的人的思考方式在通常情況下是一箭穿心，而未受教育的人僅僅撥撥它琴弦的至關重要的原因之一。

自我知識的累積，是學習的另一個重要的成果。有些人未經長時間的精神規律化過程就把自己提升到一個較高層次，並且保持這一狀態。他們大多數是書呆子。他們自負，除非他們被他人準確而屢次評價外。你知道你能做什麼、不能做什麼是很重要的。這一點與其他的思考方式連結在一起，不僅僅能夠提高你的智力，還把你的渴望融匯到思考方式之中去擴展它的實力，同時你也學會了謙虛。你可以看到許多有著高智商、有成就的人。他們身上一定會有一些基本的缺點，但多年以後，他們最終會成為一個有成就的人。然後他們會邁回到學習的起始點，為了他們今後的提升再從頭學習，這些就如同上帝的造物一樣無窮無盡。一個人非常了解他自己的原因是什麼呢？假若他高估自己了呢？我的回答 —— 假如他存放草稿的量大於他儲存的空間，那當然無法防寫。

每個人都有他不願讓別人指責的虛榮心，但優點除外，這絕對允許別人宣揚。由此，假如你把你自己放在高估自己成就以及價值的人群行列裡，會大大折損你的成就。謙虛的人可能比有同樣成就的前人更會使用人類的同情和親善。這是學習的結果。一個聲震全歐洲的哲學家是如此的低調辭世，他的女房東哀悼他說：「這可憐的人根本不能做出像哲學家那樣的事。」

　　為什麼有如此糟糕的思想、觀測和經驗被收錄到我們的書中，大量的思考方式分解後再聚集到一起，如果不是那樣的話，我們能使它處於領先高度，並推動我們進一步到知識的分界線及領域之上嗎？除此之外，在如此黑暗的世界裡，令人愉快的是我們看到行星升起，儘管它不發光而是反射陽光。

　　畢竟透過任意一種思考方式精煉大量原始想法所得到的收穫很可能比不斷的想像要少得多。那些不了解令人愉快的新鮮事物的人一定是處於閱讀的初期。對他們而言這世界是新的，步態新鮮而迷人。我曾頻繁的聽說過處於成熟階段的男人，希望能坐下來在書中找出和他們年輕時相同的新鮮事物。為什麼他們沒找到呢？因為原本的新書到現在已經不是新的了。他們曾多次看到了相同的思想或是它的影子；但每本書都失去了原本所遵循的意義。那麼，正如你起初的設

想，如果對人、對書都沒有太多的原味，它所遵循的是 ──
記憶是人與人之間傳達知識的主要工具。他所培養的是我在
此提到的最重要的，不是現在指導如何去培養它，但可陳述
它的重大價值。

　　透過我所說的，你會看到學習的目的是在所有方面把思
考方式規律化，展示一下在哪裡可以找到工具，又是如何使
用它們的。在學者思考方式裡，任何時候精確數量的知識都
不是也無須是大量的。像一個品質上層的水幫浦，你會很快
耗盡它，它是不是個還能達不到下面無窮無盡的井？那麼，
所有工具都會在它被用盡之前再裝滿它嗎？假如現有的知識
將蒸發掉，仍像海洋裡昇華的水蒸氣那樣跨越其他的海峽重
新迂迴到勤奮的研究者這裡。

第三章
學會學習

第三章　學會學習

　　學習，看起來似乎是件很容易的事情。學習的地方，只需要有書本、課文就夠了，難道還需要別的什麼東西嗎？答案是當然需要。學習者還需要知道怎樣學習。一個學生除了學習不應該沒有其他不得不做的事情。這個年齡階段的他們沒有任何顧慮，沒有任何負擔，不受任何打擾，但他們的學習進程卻還是被頻繁的打斷，這令他們感到煩惱。造成這些煩惱的主要原因：糟糕的健康，低落的情緒，極端的厭學，勇氣的缺乏。忽視最有效學習方法，無端浪費大量的時間用於其他毫無價值的事情，最主要的是，與生俱來的懶散。在學習的過程中，沒有一個人能夠不面對來自內部、外部的各種干擾而順利的完成學業。在現實生活中，如果能在一週內找到不被任何人打斷、完全連續的兩個小時專心做事，你會感到很驚訝。因為這實在是難以置信的。我們的大腦一定是習慣於被抑制、被打斷。但我們要有一種能力，能將隨風飄舞的思緒從遙遠的地方拉回來，並迅速找尋到曾經的思考軌跡。隨著這種力量的增加，那些阻礙對於你來說，就顯得越來越微不足道。

　　我想就學習這一話題表達一下自己的看法。各點看法的重要性與表達順序無關，我將盡量不遺漏任何真正有價值的方面。

（一）每天的學習時間

我無法明確標示出所有人學習時間的長度，因為每個個體因具體情況不同而各不相同。一般來說，思考速度較慢的人需要更多的時間。在我看來，精力高度集中的學習幾個小時所帶來的效果要遠遠好於長時間精力不集中的學習所帶來的效果。一個頭腦正常的人，如果每天花六個小時集中精力學習，那麼他一定會成為他所在領域的佼佼者。就像用放大鏡將太陽光線匯聚起來生火一樣，最終會迸發出思想的火花。千萬不要把以放鬆或娛樂作為主要目的的活動稱之為學習，那絕不是學習。要在早晨盡可能多的學習知識，因為那個時候大腦是最清醒的。

（二）注意學習時身體的姿勢

有些人在小時候就養成了坐在又矮又平的桌子旁邊學習的習慣。這是應該避免的，因為隨著身體慢慢長高，肩膀到臀部之間的部分變得越來越弱，直到最後養成彎腰駝背的毛病。所以文學界中很少有站姿、坐姿都很挺直的人。隨著生命進程的延續，坐著學習的時間很自然的會越來越長，直到

成為固定的習慣。沒有幾個人能在四十歲以後還站著學習。如果是為了創作、閱讀或記憶某些具體資訊，站立學習應該是一種很不錯的方法。一定要保證桌子足夠高，還要遠離活動式的安樂椅，因為坐在這樣的椅子裡你的身體會扭曲，健康會受到損害，你將一步步走向死亡。如果可能的話，請這樣擺放、安置桌子：桌面略微傾斜，當光線從後面照過來時，對眼睛很有好處。晚上，最好罩上燈罩，不讓眼睛受到強光的照射。但願經過事先精心的準備，強光直接照射眼睛的可能性在學習過程中會變小，甚至可以完全避免。如果眼睛處於非常虛弱的狀態，一定不要讓光線直接落在眼睛上；一定要用冷水清洗眼睛，這是每天早晨第一件要做的和晚上最後一件必須做的事情。在站立時，要盡量保持身體挺直，一定要避免胸部彎曲。衣著，甚至拖鞋，都應盡量寬鬆；站立時，要放鬆，避免能帶來倦意的任何姿勢，這樣，有利於大腦正緊張的工作。

（三）學習要徹底

從事一個領域的研究，好似在地理上征服一個國家。要徹底的征服前進途中的每一寸土地。但是，如果這裡或那裡

留下一個堡壘或部分駐軍沒有消滅，就有可能後院起火，還得再次出兵征服那個未被完全征服的地方。學習亦如此。

　　某些習慣能幫助人們功成名就、嶄露頭角。在將這些習慣付諸實踐時，人們總會不斷經歷痛苦的修行，以及自信、自尊的喪失與重獲，所以，在實現個人最終目標的過程中，保持良好的習慣一定要徹底。剛剛起步時，進步可能會很慢 —— 或許非常慢；但是，在接下來的「比賽」中，你將是最後的贏家。我經常看到這樣一種人，他們本來頭腦很聰明，卻總是因判斷不夠準確而感到自卑和苦惱。他們總是引用某某著名作家的話為自己辯護：「難道伯克[23]不是這麼說的？難道他不提倡這種情感嗎？」「我可不是這樣理解他的作品的。」一位熟悉伯克的作品又能準確理解其內涵的聽者回答道。於是，他們開始猶豫。辯解說，他們是在很久以前讀到伯克的那句話，大概的印象就是那樣。他們有沒有尊重身邊的每一個人，包括他們自己呢？當然沒有。然而，他們已經養成了習慣，一遍又一遍拖著猶豫的步伐在原地走個不停。

　　你所掌握的知識，要比任何在認知領域內得到的猜測好

---

23 伯克（Edmund Burke，西元 1729 ～ 1797 年），愛爾蘭裔英國政治家、作家、演說家、政治理論家和哲學家。代表作：《為自然社會辯護：檢視人類遭遇的痛苦和邪惡》、《論崇高與美麗概念起源的哲學探究》、《對法國大革命的反思》等。

許多！一堂課，一本書，只要完全理解、掌握，那它所帶來
的好處要比心不在焉的上了十堂課、一知半解的學了十本書
要好很多。

當要提煉某個想法，或把某一點弄清楚時，要等到完全
掌握或弄明白才能停下來。要從各個方面出發去考慮問題，
試著用各種方式表達，不管是最好的，還是最壞的。要仔細
思考，追本溯源，研究不同作者的觀點。有的作者可能會提
出一些相關的建議，而這正是你以前不曾想到的；還有的會
具體分析每一種選擇的利與弊。這樣，在掌握所學知識的過
程中，儘管從量的方面看進程緩慢，但是從掌握知識的質和
有用性方面來看卻收穫很大。在學習過程中，可能會留下一
些模糊不定的東西，或不能滿足學習欲望的東西，如果不仔
細琢磨，將會導致一知半解和以後更大的困惑，最終結果是
賣弄學問，而不是成就非凡的學者。

（四）爭取與努力學習為伴

學習，對一個人來說很難，卻對另一個人來說很容易。
更令人驚訝的是，今天學起來感覺非常容易的東西，在另外
一個時間就變得令人厭煩、無法忍受。這是由精力集中的程

度決定的。學習和時間的關係也很微妙，尤其是感覺不高興的時候，大腦反應遲滯的時候，身體疲倦的時候，或某個部位疼痛的時候，學習的時間往往過得很慢。雖然這樣，但請記住：其他很多東西都可以透過力量獲得，用金錢買到，但是知識只有透過學習才能得到。

　　集中精力有這麼多的好處，就連命中注定失明的那些人都願意用肉眼能看到的美麗景色以及可愛的畫卷和激動人心的景象，去換取失明賦予他們的控制注意力的神奇力量。美國第三十四任總統，偉大的艾森豪（Eisenhower）先生，曾經把自己的失明看作是上帝的賜福，因為這使他的精力更加集中，並促使他集中精力思考。凡是想透過艱苦學習鍛鍊自己的頭腦，透過大量思考鞏固自己思維的人絕不會和他所學的東西爭吵。我們經常聽到學生們抱怨，說他們所學的東西在以後的工作和生活中根本用不上。一個想當商人的學生說，為什麼他要積年累月的練習拉丁文和希臘文？另一個想學醫學的學生說，為什麼他得花幾個月的時間研究二次曲線？還有很大一部分學生抱怨說，他們的老師根本就不精通業務，還強迫他們學那些根本用不上的東西。實際上，這些抱怨者們根本沒有明白教育的目的是什麼。我們要知道，學習的最大目的是使大腦成為日後生活中的一個有用器官。雖然現在學的東西晦澀難懂、枯燥乏味，但是其中至少包含了一樣以

後能用得上的東西，那就是如何思考。如果讓大腦盡力思考、掌握和記憶那些枯燥的東西，那麼由此形成的思維足可以讓人受用一生。

一般人學完幾何學之後，由於工作和生活繁忙，大量時間被占用，而忘記了書中的命題，腦子裡只剩下了書名。但是，柏拉圖（Plato）和其他研究過幾何學的人卻證明學習幾何能充實大腦，促進思維的精確性。這個過程是潛移默化的，即使最後「腦子裡只剩下了書名」。雖然現在沒人需要地誌學和年代學的知識，但是將來，為了透過哲學的分支追尋哲學的軌跡，為了獲得對某歷史事件清晰準確的解釋，為了判斷某些名著中典故和比喻運用得是否妥當，會有人需要的。哲學看起來能啟迪心智，就像《以西結書》中幻象裡的天使一樣，能帶來雙眼，看清人的內心和外部的世界，並將我們的所思所想帶給造物主。思想透過這樣的學習而獲得解放，沒有這些，也就沒有所謂的偉大和品格。

一位傑出的作家曾經說：「在沒有主見的年輕人中，最普遍的做法是：先向一位朋友徵求意見，將徵求來的建議採用一段時間；然後再向另一位朋友詢問，照著他的答覆運作一段時間；接著再去找第三位朋友……依次類推。」結果，這種做法導致的結果很不穩定，總是在變化。然而，請相信，每一個這樣的本質的變化都將使事情變得更糟糕。可能會有

人告訴你說，在你的生命中，有一些特定的職業不適合你。殊不知，他根本就沒有注意過那些職業。實際上，不管你從事什麼職業，只要堅持努力工作，一段時間後，你都會覺得所從事的職業適合你。

我們常常陷入這樣的境地，認為周圍的環境不合適學習，於是尋找藉口逃離艱苦的學習。我們總是傾向於這樣一種普遍觀點，即時勢造英雄 —— 英雄們往往被環境所召喚，他們的性格也總是由環境塑造；幾乎每一個人都可能是偉大、果斷、高效的，只要周圍的環境不斷苛刻的限制他，並持續對他施加壓力。人生來是懶散的，這既自然又實際，他們需要外界強有力的刺激和龐大的壓力來喚醒他們的潛力，喚起他們的動力。眾所周知，只有很少的一部分人能獲得非凡的成就，而大多數人往往平淡無奇。但是，有非凡成就的英雄們不也是處於某種環境之中嗎？如果不是形勢變化，我們怎能既貼切又實際的說「時勢造英雄」呢？看看約翰‧米爾頓[24]吧！是什麼樣的環境促使他成就偉業。失明使他遠離天堂賜予人類的光明，他什麼都看不見。大多數人會想，處在他的情況下，要是能靠唱小曲或者編筐賺錢養活自己就已經很不錯了。但是米爾頓卻為他所處的年代、國家和語言帶來了舉

---

24 約翰‧米爾頓（John Milton，西元 1608 ～ 1674 年），英國詩人，思想家。英格蘭共和國時期曾出任公務員。代表作：《失樂園》、《論出版自由》等。

世矚目的成就。相比之下，總有人在呼喊，「我們沒有良好的環境，沒有機遇，沒有工具，什麼都做不了。」什麼都做不了？是真的嗎？聽聽名家、大師們對此都說了些什麼：

「如果一個人真的熱愛學習，有獲取知識的渴望，那麼，除了某些疾病或災難外，沒有什麼能阻止他的學習進程，也沒有什麼能在某種程度上阻止他掌握好的學習方法。實際上，當人們抱怨缺少時間學習，缺少良好的方法時，他們只是在表示，他們要麼是在追求其他的目標，要麼是缺乏做學生的精神。他們習慣為他人鼓掌、喝彩，用羨慕的眼光仰望他人所獲得的成就，而那些人恰恰就是努力學習的人。但是對於自己，他們卻不願花費哪怕是必要的時間或金錢去獲取知識；或者，他們將這歸咎於自己的謙卑，並在心底裡為自己沒有野心而感到慶幸。然而在大多數情況下，人們心中留存的要麼是對世界無限的愛，要麼是名副其實的懶惰。如果他們的性格中有更多的活力和果斷，想彌補逝去的時光——那些沒有被充分利用的時光——那麼，他們就打開了財富的大門，還可以盡情的使用裡面的金銀財寶。如果他們非常勤勉，不斷的完善對時間的安排，充分利用那些被浪費的時間，我敢預言，不出三、四年，許多這樣勤奮的人就能在某些領域獲得成績，而且，這個預言一定能實現。當一個人在思考是否應該學一門語言，還在猶豫不決之時，別人已經學

完了。這就是追求學術造詣過程中果斷、活力與怯懦、猶豫、懶散之間的差異。在那些習慣拖拉、懶散的學生中，最糟糕的是當你跟他們擺事實、講道理，使他們確信他們採取的方式不對、方向有誤之後，用不了多久他們懶散、世故的習慣就會再次爆發，並在身體裡產生主導作用。一位教授曾說：『判斷有誤的人總是聽從別人的意見，結果在四十歲的時候，他發現自己仍然只具有三十歲人的水準；到了五十歲，他開始走下坡路了；六十歲時，他被認為很冷漠，於是，他變得憤世嫉俗，並以此回敬；如果他不幸活到七十歲，周圍的人都為此感到不安，因為他沒有機會進天堂了。』」

（五）記住：對一名學生來說，成功背後的重大祕密，是位於堅持忍耐之後的不斷回憶的習慣。即回憶所有習得內容的習慣

我們已經探討過記憶，在此我想談談它在具體學習中的應用。你是否曾經試著將某些想法、某些思慮從記憶中抹掉，卻無法清除？你是否曾經試過努力回憶過去，或過去的某些片段，卻怎麼也想不起來？原因就在於，記憶喜愛自由，不喜歡被束縛、被強迫。那麼，應採取的正確方法是盡

量鍛鍊記憶力，而不是透過約束、限制使它日益微弱，因為它喜歡主動展示自己的力量。小孩子們往往主動學習拉丁文或希臘文，他們不用制定任何計畫，僅憑聽他人重複幾遍就能記得很多單字。那些記憶語言很成功者的祕密幾乎都是反覆誦讀，直到完全掌握。例如，記憶語法時，不能長時間只做同一件事情，而應該在學習時精力高度集中，然後重複下面的過程：反覆的大聲朗讀課文，直到課文內容透過耳朵和眼睛進入大腦，然後把書放在一邊，拿出筆，將所讀的東西背著寫出來。在這個過程中，眼睛、耳朵得到鍛鍊，大腦得到機會去思考每一個字的寫法、讀法和音調。開始時的過程可能會比較慢，但最終會實現既定的學習目標。這種方法既有助於掌握所學知識，還能激發勇氣。至少，新的學習過程中出現的問題不會再像以前那樣令人感到不寒而慄。

語法學習過程中的極大困難在於相似的字或詞，尤其是它們同時出現的時候，其相似性往往令人感到困惑。例如，你走進一家珠寶店，面前的一個櫃檯裡擺了二十支手錶，每支手錶都有不同的名字。在當時你可能對每支手錶的名字都有印象，然而，一夜之後你再區分它們就很難了。但是，假設你連續五天每天都去那家珠寶店，每天仔細驗看其中的四支手錶，聽珠寶商具體介紹每支手錶的特點和與其他手錶的相異之處；第一支錶比較普通，他向你解釋錶的運行原理並

展示了錶的構造；第二支錶的控制桿很特別，他向你說明這支錶如何與前一塊不同；第三支是石英錶，其零件當然更不一樣；第四支是航海錶，和你以往見過的錶截然不同。他告訴你每一支錶的特點，還把它們放在一起比較。第二天，先回顧、回想他昨天告訴你的關於錶的所有資訊，每支錶的名字、特點和價格，然後，再用同樣的方法研究另外四支錶。每天都重複同樣的過程，先複習前一天所學的內容，再學習新的內容。最後，到第五天的時候，你已經能記住每一支錶的名字和功能了。現在，用同樣過程和方法學習語法，就再也不會記混了，也不會忘記你想記住的東西了。

　　維滕巴赫[25] 一學習起來就不知疲倦。他說，將不斷複習的方法付諸實踐「會為你的進步帶來令人難以置信的影響」，但他還說「那必須是真正的徹底的複習，即不斷重複的複習。我的意思是，每天都要複習前一天所學的內容；在每週的最後一天，複習整週學習的內容；在每個月的月末，複習整個月的所學。而且，假期時應反覆複習所學的課程。」這位偉大的學者一次又一次的對他的學生說：「如果你願意遵循我的建議，那麼做一個類似的計畫，每天花一個小時，或至少幾十分鐘去做這樣的學習。」我想加一句，每天用十五分

25　維滕巴赫（Daniel Albert Wyttenbach，西元 1746 ～ 1820 年），德裔瑞士古典學者。為現代希臘學術奠定了基礎。

鐘複習、回顧，縱然不會使人對畢生所學都記憶猶新，但卻會使他的學習狀況有所改善。開始培養這個習慣時可能很惱人，但那只是在開始的時候。「在閱讀和研究色諾芬[26]的《回憶蘇格拉底》時，我制定了一個規則：每次開始新的部分之前，都要重讀前一部分。最後，用這種方法讀完整部作品之後，再重新從頭到尾讀一遍。雖然費了三遍力氣，但是結果證明這樣不斷的重複是對我最有好處的一個辦法。當我讀完兩遍，開始新的一遍閱讀的時候，我有一種衝動，要衝破一切阻礙讀下去。我就像一艘戰艦，得到船槳傳來的動力，在水手們停止划槳之後仍然向前行進，就像西塞羅[27]對類似情景的比喻那樣。」

（六）學會利用多樣性學習使大腦得到放鬆，而不是靠完全停止學習使大腦休息

　　沒有誰能夠做到長時間保持精力高度集中去思考問題或學習研究，因此，大多數人在休息放鬆時，總是將需要處理

26　色諾芬（Xenophon，西元前 427 ～前 355 年），雅典軍事家、文史學家。他以記錄當時的希臘歷史、蘇格拉底語錄而著稱。

27　西塞羅（Marcus Tullius Cicero，西元前 106 ～前 43 年），羅馬共和國晚期的哲學家、政治家、律師、作家、雄辯家。

的事情拋之腦後，而不是想辦法盡量節省時間。例如，學習《荷馬史詩》或研究代數時，可能一次用時二至三個小時，然後身體就開始感到疲倦，大腦反應速度變慢。於是，你停止學習，將書放在一邊，休息。休息的時間和學習的時間一樣長。時間就這樣被浪費了。在這個過程中有一點被忽略了，那就是 —— 多樣性和賦閒一樣可以使大腦獲得休息。放下代數書之後，當拿起羅馬歷史學家李維[28]或古羅馬史學家塔西佗[29]的書，你會驚奇的發現，你的頭腦很清醒，尤其是複習上一次學習的內容時。也可以在上次讀過的書頁邊寫一些心得或批注，然後將思路轉移到下一個部分或作品上。這樣做，可以節省大量的時間。

我們都想知道我們的祖先和現在的瑞典人是如何做到每天學習十六個小時的。若不是學習一個科目學到大腦疲倦後，換成其他方面的學習，使大腦感到放鬆，沒有誰能夠做到一天學習那麼長的時間。這就是有效利用時間的人和浪費時間的人之間的差別。成就偉業的那些人幾乎都採用這個計畫。這應該能解釋為什麼一個人能同時擁有幾個辦事處，涉

---

28 李維（Titus Livius，西元前 64 ～ 17 年）。古羅馬著名的歷史學家，他寫過多部哲學和詩歌著作，代表作：《羅馬史》等。

29 塔西佗（Gaius Cornelius Tacitus，西元約 55 ～約 117 年），羅馬帝國執政官、雄辯家、元老院元老，也是著名的歷史學家與文體家，代表作：《歷史》、《編年史》等。

及不同的行業，各行業所需要的才能和努力也似乎沒有太多
關聯，但他卻能把不同辦事處的業務和具體事宜處理得很
好。他就是這樣斷斷續續的忙碌，斷斷續續的休息。

　　用這種方法，著名的一位博士在四十歲之前從職業職
責和職業道德出發，不停的創作，發自內心的渴望工作，
雖然辛勞，但他終於在論文寫作方面獲得了重大成就，掌
握了至少十一門語言，協助編寫了十二卷的《通用字典》
(*Universal Dictionary*)，創作出著名的《巫術的研究》(*Study
of Medicine*)，還經常創作或翻譯詩歌。他的《自然論》(*Book
of Nature*) 讓讀者留下一種富於變化、知識準確的印象。他沒
有因職業的多變和壓力感到困惑，而是同時進行幾項要做的
事情，而且沒有一項被忽視，或半途而廢。另一位博士說，
「古老的格言『同時做太多的事情會得不償失』是個極大的錯
誤。你不可能同時有太多的事情要做，所以，讓手頭的事情
同時進行吧！」大腦飛速運轉很快就能把空想的習慣擊得粉
碎，因為大腦異常繁忙，沒有時間空想。就算某些學習和生
活的變化不會為人帶來任何物質上的收穫，它卻能為人帶來
一種滿足感，一種在處女地上探索的滿足感。

第四章
同窗友誼

第四章　同窗友誼

「把孩子送到學校去，讓他的玩伴們去教育他！」這是愛默生的名言。艾德華‧艾弗雷特‧海爾[30]曾經說過，在學校裡一個人所能得到的最好的教育就是其同窗們所給予他的影響。對那些沒有機會到學校去求學而在家中由家庭教師教育的孩子們，我總會感到深深的惋惜。我不是在貶低家庭教師的影響，從我個人的經歷中，我更能明白在年少的時候教師所產生的強大的影響力和生命力。儘管如此我仍堅信，年輕人的生活水準和他們對待生活的態度在很大程度上受到他們同齡夥伴們的影響。

在年輕人發展的某些階段，外部成人世界強加給他們的理想不會對他們產生過多影響，這一點與老師和家長們所想的並不一樣。能深刻影響他們的是同伴們的觀念和理想。從那個階段過來的人都能感同身受，成人世界中的標準對於他們來說是多麼的不真實。對於穿戴、言行舉止等，他們對大人世界的標準是那麼不屑一顧，而對死黨們的建議倒是言聽計從。這一階段可能會在不久後消失，但是對年輕人今後的生活會有強大影響力，他們由此形成的判斷是非能力不可低估。

在這些有利的影響中，最重要的當屬珍貴的友誼。無私的內涵首先是從牢固的友誼中獲得的。愛的本質是忘我。只

---

30 艾德華‧艾弗雷特‧海爾（Edward Everett Hale，西元 1822～1909 年），
　　美國作家、歷史學家。

有學會了愛，才能學會如何生活。高尚的友誼比任何其他的東西都更應該被人珍惜。這樣的友誼應該受到鼓勵，而且年輕人有大把的機會去建立這樣的友誼。優秀的學校除了能夠為學生提供有益的私人指導，更為重要的就是為學生們提供結交良師益友的平臺。物以類聚，一個人如果內心高尚，自然會吸引那些具有高尚精神的人成為朋友，並且讓他們留在你的身邊。你今後會成為什麼樣的人，很大程度上取決於你現在選擇什麼樣的朋友，因為他們會讓你的性格產生傾向，而這種傾向與朋友們的性格是不可分割的。之後，當你回首往事，如果在你的生命中沒有一群人曾經真切的存留的話，你就根本不會知道生活是什麼。

選擇朋友不僅僅是年輕人生活中的幸事，誠然，任何年齡階段的人都會面臨選擇朋友的問題。打開任意一本名人名言錄，你會發現古今眾多詩人，學者對友誼所做出的詮釋。毋庸置疑，年輕的時候是公認為建立牢固友誼的最佳時期。這是因為逐漸成長之後，我們會更多的關注自己的事情，面對生活帶來的種種壓力，性格也基本成形，想要再接受他人和改變自己都是很難的事情。然而，處於交友的黃金時期的年輕時代也有弊端，即年輕人不能真正了解友誼的價值，因而無法享受友誼帶來的快樂。

年輕時會荒廢很多事情，其中失去友誼是最令人惋惜

的。太多的人在生命晚期才醒悟到自己曾經不假思索的拋棄了那些永遠不能再得到的東西。擁有朋友和成為別人的朋友是上天賜予的最好的禮物。當你人到中年，發現由於自己疏於經營，年輕時的友誼漸次消失時，那將會是一件非常悲哀的事。

我們會根據自身的經歷來確定自己的友誼觀，因此友誼這個詞對於不同的人具有不同的含義。對於有些人來說，這個詞的涵義隨著年齡的增長會越來越深刻；而對於另外一些人來說則相反。我們對友誼的理解與我們自身的個性和我們的生活方式有著密切的不可分的關係。

理想化的人往往會追求理想化的友誼。而現實中很難尋找到這樣完美的友誼。我們總是把我們自身的缺陷和弱點帶入我們的生活中。「以我的觀點看」，西塞羅這樣說，「友誼只存在於有道德的人之中。」你有真正的朋友嗎？可能你和你的朋友之間的友誼並不理想，但透過友誼，你們雙方都會得到成長，進而使得友誼更加完美。如果你想要擺脫曾經在交友中的過失，只有兩個人來共同承擔才能使錯誤得以改進。如果你想繼續前進去獲取更高的道德，要靠雙方的配合才能完成最終的勝利。

沒人能告訴你如何交友。因為朋友不是交的，是天生而來的。我們可以選擇自己的快樂、書籍和職業，但我們卻無

法選擇自己的朋友。我們只能發現他們。友誼的形成過程必定是潛移默化的，它也應該是這樣的。為什麼有的人總能看到你好的一面，而另一些人總看到你壞的一面。為什麼有些人在你開口說話之前就能理解你，而有些人即使是在你解釋以後仍然不理解你。如果我們要是能夠回答這些問題，友誼對我們來說，就像理解數學公式那麼簡單了。對朋友的態度，只能像蒙田[31]說的那樣：「我愛他是因為他是他，而我是我」。有些人透過直覺選擇朋友。如果直覺正確，並且相互間的興趣可以相互適應的話，那麼他們就可以成就親密而長久的友誼。

友誼的基礎是個性。你能夠給予朋友的，也就只有你的人格魅力而已。因此，你必須對自己要求很高。除了不斷豐富的人生閱歷之外，你還有什麼可以給予你的朋友的？對朋友僅僅有善意的用心和動機是不夠的，還必須有所表現和行動。你可能不只一次問自己，我是否配得上這樣的友誼？你目前對朋友感興趣，可是你做什麼才能使興趣持續保持呢？

缺少交友能力的人最終將失去雙方。他們常常表現得不真誠。不真誠的人不可能、也不應該被當成朋友。交友中比

---

31 蒙田（Montaigne，西元 1533 ~ 1592 年），法國在北方文藝復興時期最有代表性的哲學家，以《隨筆集》三卷留名後世。《隨筆集》在西方文學史上占有重要地位，作者另闢新徑，不避嫌疑大談自己，開卷即說：「吾書之素材無他，即吾人也。」

第四章　同窗友誼

不真誠更可怕的缺點是自私。自私是不分主動和被動的，其主旨就是以自我為中心。這種人不知道如何進入別人的內心。不能真誠的與別人分享他們的喜怒哀樂，我們說有的人有交友的天分，能夠感知到別人的興趣愛好。要想交朋友，除非你真正在意別人的心思，否則別人根本不會相信你是這樣的。

人們應該培養交友能力或者努力成為別人的朋友，這樣做是值得的。「有個朋友快樂成雙，痛苦減半」。說出這樣的話的人對此是深有體會的。《傳道書》一書的作者說：「兩個人比一個人好。因為如果兩人陷入困境，他們可以互相幫助；但是如果互相背叛的話，一旦遇到困難，他將會成為孤家寡人，因為沒有朋友會去幫助他。」

無論你做什麼，首先要向你的朋友表示你的真誠，做真正的自己。在關鍵事情中的任何欺騙和隱藏都會造成無法挽救的傷害。是否認可一個朋友你有決定權，但是一旦認可他，你就要向他坦露真誠。真誠不僅僅影響朋友之間的關係，而且會影響我們與其他人的關係。洛夫萊斯 [32] 的雙韻體詩讓每個將交到新朋友的人記憶猶新：

> 親愛的，我就不配真愛你了，
> 如果我不更愛我的榮名。

---

32 洛夫萊斯（Richard Lovelace，西元 1617 ～ 1657 年），英國著名詩人。

如果雙方沒有信任，友誼是沒有辦法繼續下去的。把對方的興趣看成是自己的興趣一樣去照看與呵護，這才是作為一個朋友應該做的。我們會從大量的歷史人物的友誼中得到啟示，例如大衛王[33]與約拿單[34]的友誼，盧德[35]與納敖米[36]，丁尼生[37]與哈勒姆[38]的友誼。你的友誼能否與他們當中的任何一個相提並論，相比之下是否覺得自己的友誼有些幼稚？最偉大的友誼是一塊試金石。對待真正的朋友，在背後惡言相加是不可想像的，嫉妒對方，或者以這樣、那樣的方式凌駕於對方之上，都不是真正的友誼的做法。忠誠能夠走多遠？我們都記得耶穌的回答，當有人問他：「我已經原諒我的兄弟70次了，我還得寬恕他多少回啊？」耶穌說「70次」意思是，我們對朋友的諒解和寬容是無限制的。你對朋友的忠誠同樣

---

33 大衛王（David），西元前 10 世紀希伯來王國的第二任國王。

34 約拿單（Jonathan），《聖經舊約》中記載的一個人物，是以色列第一位由上帝耶和華膏立的國王掃羅（Saul）的長子，原王位繼承人，也是以色列歷史上第二位君王大衛王的朋友。他後來在一場與非利士人的戰爭中與父親掃羅王一起陣亡。

35 盧德（Ruth），生活在大約西元前 1100 年的一位摩押族中東女子。以色列歷史上的英雄人物大衛王的曾祖母。

36 納敖米（Naomi），盧德的婆婆。

37 丁尼生（Alfred Tennyson，西元 1809 ～ 1892 年），華茲渥斯之後的英國桂冠詩人，也是英國著名的詩人之一。

38 哈勒姆（Arthur Hallam，西元 1811 ～ 1833 年），英國詩人，丁尼生的親密好友。

也是沒有極限的。它只取決於對方的需求和你的力量。

　　當然，朋友間應該有共同的興趣，互信信任和自我展現。通常，你願意與一些好夥伴分享你的快樂，但是在某些重要時刻，你卻與他們保持距離。你和其他人分享你工作中的故事，或者生命中特殊的興趣，但最深刻的體驗只會與你的知心朋友傾述。他在最關鍵的時刻理解、尊重和分享你的理想，他能理解你人生最基本的意圖。只有能夠將分享彼此最好的部分坦露給對方的友誼才是最至高無上的。

　　我說過朋友之間必須有互動。不要犯那種強迫朋友信任你的錯誤。如果你沒有打開朋友心房的鑰匙，那就去磨礪自己，使自己對朋友有價值。這種給予必須出於自願，否則便是徒勞的。給予的同時我們從對方那裡汲取出塑造自己的力量。互信信任能消融嫉妒。你的朋友沒有義務向你解釋和說明他的所作所為。人生充盈著無數機遇，因此對方也不會只局限於一個關係上。如果你的朋友的圈子不斷擴展，你應該尊重他與其他人之間的往來。

　　一份名副其實的友誼會讓你隨時獲得耐心、友善和自我控制能力，因為愛是最偉大的老師。當一些不耐煩的話脫口而出的時候，你是否及時省察過？對那些挑剔我們錯誤的陌生人，我們尚且回報以友善和客氣，那麼對於那些包容我們缺點的朋友，我們是否同樣對待了？有時我們的想法何等奇

怪啊！對方的愛把我們豢養得有些粗魯。即使你偶爾犯了錯誤，你的朋友仍然是愛你的，但其他人則不會。剛愎自用或者自私雖然可能不會讓你的朋友離你而去，但是你們的心靈之間卻因此而不再緊密。

　　朋友之間應該是平等的。我不是說愛不能超越生活、年齡和教育。我只是說如果有一方是寄生蟲，一味索取不付出，這樣的友誼是危險的。

　　愛默生在一篇名為〈友誼〉的散文中說了一句至理名言：朋友是能夠成就你的人。朋友不是雞蛋裡挑骨頭的人，但卻有義務為朋友提出更好的解決問題的辦法，並由此來指出他的缺點和不足。作為朋友要善於發現對方身上的缺點。「真正的愛是不能容忍對方身上有任何瑕疵的。他們總是模糊了靈魂深處的視線。」

　　另一方面，朋友是能發現你長處的人，當你懷疑自己時，他們能夠堅定的指出你的優點。有誰會不需要這樣的朋友嗎？當我們沮喪失意之時，當我們的信仰跌進谷底之時，真正的朋友會來到我們身邊，他們的信仰會讓我們重新找回生活的平衡點。當這種信仰注入我們自身當中、注入我們生命的力量和種種可能性當中的時候，那會是一件多麼令人愜意的事情啊！當機會來臨之時，如果朋友之間不能相互鼓勵的話，那麼他們就錯失了真正的友誼為人帶來的幸福。愛著

的人知道愛情不是盲目的。愛有最真實的視野。

　　如果你想了解一個人，不要找恨他的人了解情況，要去找愛他的人。然而愛可能會蒙蔽我們。對朋友的缺點視而不見不是幫助朋友改正的方法。如果你擋在朋友和他應為所犯的錯誤接受懲罰之間的時候，你實際上是阻止了他最重要的一次成長。如果你的愛是貧乏而狹隘的，你會不斷的迫使你的朋友去注意他自身的樂趣而無視他人的愛好，如此一來，便在無形之中扼殺了他內心無私的衝動。如果彼此之間以這樣的方式相處下去，你會發現你們雙方的無私的愛和仁愛的感情都會漸漸消失。任何互相愛著的兩個人都應該珍惜這種為對方忘我付出的精神。

　　友誼與世間其他事物一樣都會有果實。「人們不能在荊棘上獲取葡萄，也不是從薊花上摘取無花果。」一份有質地的友誼之果是人生的至高理想和責任。如果一份友誼使你對其他義務變得漠然，並且使你不再聽從責任對你的召喚，那麼你要警惕一下了！如果你對一個人的愛使得你對其他人的愛減少或淡漠了，那麼這樣的友誼不是至高無上的。友誼可以延展心靈的領域而不是約束它。任何有狹隘感和排他感的事物都是一種阻礙。你必須極其真誠的尊重與敬畏你的朋友，並透過尊重朋友而使得人性更加崇高與高貴。

一切事物都因你而變得更加高貴，

向天邊遠眺，

生命的磨盤映入眼簾，

你的價值如陽光大道一般。

　　情感因素在友誼中處於一個怎樣的位置？可以肯定的說，它不占據重要的位置。在最豐富和持久的友誼關係中，比情感更重要的因素還有很多。當然，這種關係中並非沒有情感的參與。但是，過度強調感情的危險在於會使友誼淪為純粹的多愁善感。也許你會問，在友誼中，什麼是比感情更重要的？比情感更重要的是逐漸產生的精神上的契合和統一。一種被對方完全理解的感覺。一種能夠在任何生命的緊急狀態下彼此依賴的忠誠。

　　如何成為一個真正的朋友需要經年累月的學習，同時一些困苦的體驗會教會你如何欣賞和感激你的朋友。有時，當我們回想蹉跎歲月時不禁感嘆：「早知當初那樣做的話，生活會是多麼豐富和幸福啊。」有時候，在我們意識到朋友的價值時，他們已經離開我們。當我們獨自靜坐沉思時，是否痛心的想到，我們曾經因疏於衡量朋友在我們生命中的價值所犯下的每個過失。

　　如果你想成為一個真正的朋友，如果你不想付出極大的代價而從現在做起，開始欣賞你的朋友，那麼先問自己幾個

探尋性的問題。你是否更在意從友誼中能獲取什麼或者投入什麼？你會更多的考慮提供服務還是被別人服務？你是否想知道你的朋友是否足夠愛你，而你不能再多愛你的朋友一些了？你是否從沒有想像過你自己被朋友忽視或者誤解？如果你這些都做得好，那麼你也就在逐漸靠近真正的友誼了。以友誼著稱的菲利普斯‧布魯克斯[39]說道：「世上再沒有什麼比兩個朋友的人格成長更美好的事情了。當他們一起慢慢變老，會更深刻的理解彼此的人生。」

　　友誼有代價嗎？答案是：有。這個世界上，凡是想要獲得好的事物都是要付出代價的，也只有願意付出代價的人才能得到它。最長久和最至高無上的友誼形式只存在與最高層次和最優質的人性中。友誼的代價如此之大，以至於沒有人會或者說沒有人能夠承受得起它的代價。代價是什麼？這才是關鍵點。問題是誰也無法在事前預知。無論代價是什麼，真正的朋友都隨時做好了付出代價的準備。為真正的朋友做出犧牲永不嫌多。

　　然而，遺憾的是，儘管無須任何一方付出英雄般驚天動地的高昂的代價，可有許多友誼還是遭遇觸礁。能夠維繫它存活的東西其實很小、很簡單，但是卻很多。畢業後，當同

---

39 菲利普斯‧布魯克斯（Phillips Brooks，西元 1835 ～ 1893 年），美國哲學家、作家和神學家。

學們各奔前程，繼續保持書信往來是一項相當花費時間的事情。你的友誼是否值得你為其這樣做。漸漸的，如果新情趣、愛好進入的你的生活中，友誼就更不容易維繫下去。因為如果想要發展友誼，分享相同的興趣愛好是不可忽視的，保持諸如贈送生日禮物，聖誕紀念品的習慣等，都需要在這個繁忙的世界裡占據大量的時間。由此，原本緊密的心出現了裂縫，而且變得越來越大，漸漸的，彼此沉默無言。這不是一個值得歡呼雀躍的經歷，但它的確是原本被人篤信會天長地久的友誼中出現的一件刻骨銘心的大事件。一些小時候結下的友誼往往成長得很快，它們成為我們生命中最美好的事情。它是我們「兒時珍藏」的一部分。但是如果我們意識到我們現在所做的事情，你會發現放棄了一份份純真的友誼是多麼的不可思議。

除非你很細心並且充滿愛心，否則你的老朋友會一個接著一個從你的生活中溜走，最後消失得無影無蹤。我敢打賭，會有那麼一些朋友留下來。他們應該是真正愛你的人和將來也會愛你的人。「相知有素的朋友，應該用鋼圈箍在你的靈魂上。」永遠不讓他們離開。如果你期待與他們在一起，那就對他們耐心點。對他們無數次的疏忽表示出寬容的態度，對自己說，它們僅僅是表面現象。以這種方式去互相承擔責任並忍耐對方的朋友，他們會發現這份友誼隨著歲月的

第四章　同窗友誼

增長而變得越來越深厚和堅固。

　　如果你真的想成為我所描述的那樣的朋友的話，除了讓你去看聖·保羅（St. Paul）的第一部《歌林多後書·使徒書》中第十三章〈愛〉，我想不到其他幫助你的辦法了。這一章中對於愛的描述簡直是無與倫比。盡量按照其中的說法去做，盡量使得你的情感更接近書中的描述。無論是在《聖經》還是在《聖經》以外的書中，我們都不會找到如此珍貴、如此真實、如此動人的對愛的描繪。去閱讀它吧！給那顆以飽含善意的情感感受整個人類的心靈帶來一絲光明。它能將朋友給予你的愛轉變成為永恆的愛；成為善意的愛；嫉妒不在，憤怒不在；承擔一切，相信一切，憧憬一切，包容一切。其中首要的是，它將使你給予朋友的愛源遠流長。

第五章
與人相處的藝術

第五章　與人相處的藝術

你或許會認為與人相處不能算是什麼真正的藝術，但它確實就是一門最難的藝術。透過提早學習我們可以避免很多不愉快的經歷。如果我們是很難相處的人，那麼我們可能得到災難性的懲罰。我們都知道有的人一進門就帶來一片陰雲，有的人卻帶來一片陽光。曾經有人談起我的一個很有感染力的女性朋友，做了如下評價：「當她走入走廊的時候就彷彿一道亮光滑過。」波士頓每日新聞曾經有這樣一則新聞：「昨天還是烏雲密布，但菲力普斯‧布魯克斯經過報攤之後就陽光燦爛了。」不用多說，這些人一定很好相處。

一個人可能真誠、友好、善良，但由於缺少所謂的親和力，他可能就會難於相處。道德是性格的基礎，但僅有這些還是不夠的。正如《聖經》作者指出的那樣：「小狐狸毀掉了整個葡萄園。」「小狐狸」指的是性格中的瑕疵，當時你可能注意不到它們，但它們卻在慢慢滋長。就是這些「小狐狸」讓我們不願接近那些有瑕疵的人，而願意與那些讓我們感覺舒服的人在一起。如果一個人沒有犧牲精神，那麼想讓別人喜歡上自己則是一種奢望。做一個為別人帶來陽光的人不僅是你的權利，還是你的責任。這樣一種簡單的狀態讓人非常喜歡，很多人不斷的在追尋這種狀態，並願意用任何代價去交換，只為得到它。

有些人勇於以正確的方式說出指責的話，我們要對這樣

的人給予讚揚。讚揚他們能夠在正確的時間以正確的方式給予我們建議和提醒。在我們犯錯誤的時候，我們需要更多能夠指出我們缺點的朋友，並協助我們克服這些缺點。他們甚至會冒著失去這份友誼的危險來提醒我們，目的是為了協助我們成就最好的自己。但是這世界上有多少人指出我們的錯誤的目的是出於能夠讓我們有更好的發展呢？你會發現，朋友發現了你的錯誤並指出來，更多的時候就是為了發洩他們心中的憤怒。下次當你發現朋友身上的缺點並想指出的時候，你應該先問自己兩個問題：首先，發現和指出這些缺點有什麼好處嗎？其次，我是以正確的心態在做這件事情嗎？只有當這兩個問題的答案是肯定的時候，你才能去指出缺點，否則還是沉默是金。另外，批評應該是伴隨著表揚的。有些人會發現我們的優點，並肯定我們的優點多於缺點，我們能夠從這些人那裡受益匪淺。

另一個值得注意的「小狐狸」是摩擦、吵架和拌嘴。當我們接觸它們的時候我們才會發現，而且我們時常是在自己身上很震驚的發現這一點。這一點在愛的氛圍中表現得最為明顯。愛我們的人包圍著我們，並且總是原諒我們和支持我們，這樣就給摩擦和爭吵滋生的溫床。陌生人是與這些東西絕緣的，我們也不能要求人家去接受這些。它是個潛在的、很微妙的險情，以至於我們常常意識不到它的到來。它首先

從一些不正常的身體特徵方面展現出來。健康活潑的孩子是不會哭鬧的，只有那些生病不舒服的孩子才會嚷叫。摩擦往往就是躁動不安的開始，它在尋找發洩的犧牲品。

那些熬夜，不經常運動，飲食不規律的女孩要對自己糟糕的身體負責，因為治病的良方其實就在她們自己手裡。夜深人靜，你是否會感嘆人生充滿了困苦，你的命運是如此的不幸，而第二天早上一覺醒來卻發現在這五彩斑斕的世界中，你的命運是光明的，生活中沒有必要去證明自己。其實最重要的是讓你的身體在每分每秒裡都處於一個良好的狀態。在工作和休息之間做好轉換，勞逸結合，有充足的時間休息和娛樂，另外在長時間的勞動之後應該適當調節一下，以保證身體狀態良好。在這一過程中，你就會發現自己變得冷靜而自制力強，這樣也就在一定程度上避免過於浮躁。

你的脾氣很暴躁嗎？如果是這樣的個性，除非你能控制你的情緒，否則很難與別人相處。脾氣的釋放就像是一陣閃電劃過，一團烈焰燃燒。它是瞬間的東西。然而，在這瞬間之中有什麼說不出來、做不出來的呢？你已經不是你自己了，你已經失去了理智。你有沒有在你情緒爆發的時刻，傷害了你在這個世界上最愛的人呢？對於那些給你最寶貴建議的人，你是否失去了對他們的尊重，你有沒有一時衝動，說過一些氣話，然後再用人生中好幾年的光景去回想，後悔自

己不該說出那些話？如果是這樣的話，比這更糟的是你失去了尊嚴。還有什麼比由於失去控制而做了或者說了一些事情但第二天卻懊悔不已更可笑的呢？記住，沒有什麼能比亂發脾氣可以更加讓人失去對你的尊重。如果你不能控制自己的情緒，你就會被認為是個缺乏平衡、尊嚴和力量的人。

> 如果能夠，希望把它們收回，
> 如果能夠，希望把它們收回，
> 那些脫口而出的充滿憤怒的話，
> 如果能夠，希望把它們收回。

但是「希望」只是希望，並不能收回那些說過的話或做過的事。我們唯一能做的就是接受教訓，今後做自己情緒的主人。「能夠控制自己的人要遠遠卓越於那些統治一個城市的人。」

如果你是個脾氣暴躁的人，不必抱怨反而要感激這個事實。因為這說明你有熱情，有想達到目標的衝動和欲望。不要試圖與那些木訥散漫的人互換角色。你要控制情緒，而不是讓情緒去控制你。我們並不豔羨那些不會發脾氣的人。當我們閱讀名人傳記的時候，時常會發現這樣的話：「他擁有強大的憤怒的力量」。難道真的是所有偉人都有這種潛質嗎？喬治·華盛頓 [40] 很少生氣，但他一旦爆發起來就像一團熊熊

---

40 喬治·華盛頓（George Washington，西元 1732～1799 年），美國國父，

第五章　與人相處的藝術

烈火一樣強大。我們都知道林肯[41]的故事。當他看到奴隸市場的一幕時，他勃然大怒，說：「如果有機會，我一定會重重的打擊這種制度」。後來他果真這樣做了。聖‧保羅說：「生氣不是罪。」耶穌基督用鞭子抽打那些投機倒把的人，並把他們趕出神廟的時候，人們目睹了他曾不只一次的大發雷霆的場面。別人錯誤的舉動會讓你熱血沸騰、暴跳如雷，或者當總有些小事煩擾著你而你還要刻意控制自己的情緒時，此時很有可能讓你的憤怒傾瀉而出。

控制自己的情緒並不難，你所要做的事情是將它養成一種習慣。一些安靜、沉穩和自我控制力強的人偶爾也會發脾氣。

以自我為中心的這種性格破壞了很多友誼，也造成了很多家庭的不和諧。這是一種堅持自己行為方式的表現。如果一個人堅持執著的以自我為中心，他通常都會達到自己的目的。因為其他人不會持續的反對無足輕重的事情。在中年以

西元 1775 年至 1783 年美國獨立戰爭時的殖民地軍總司令，西元 1789 年成為美國第一任總統（其同時也成為全世界第一位以「總統」為稱號的國家元首），在接連兩次選舉中都獲得全體選舉團無異議支持，一直擔任總統直到西元 1797 年。他也是一名共濟會成員。

41　林肯（Abraham Lincoln，西元 1809 ～ 1865 年），第十六任美國總統，西元 1861 年 3 月就任，直至西元 1865 年 4 月遇刺身亡。林肯領導美國經歷其歷史上最為慘烈的戰爭和最為嚴重的道德、憲政和政治危機 —— 南北戰爭。經由此役，他維護聯邦的完整，廢除奴隸制，解放所有奴隸，增強聯邦政府的權力，並推動經濟的現代化。也因此美國學界和公眾時常將林肯稱作是美國歷史上最偉大的總統之一。

前，人們會說，這就是他的行為方式，他就是獨斷專行。這種傾向表現為對最終決定權的青睞。誰沒經歷過家庭中因瑣碎小事而發生的激烈爭吵？爭吵的一方說，事情發生在週一，另一方說，發生在週二，直到最後，大家都不知道當初爭吵的焦點是什麼了。在你和朋友的相處中，有沒有一方在分歧中占據壓倒性的優勢？如果有的話，那麼要小心了。這種情況對雙方來說，都是一種潛在的危險。在你的家庭生活中，是否有一方在所有計畫的制定中都具有最終的決定權，並左右所有的行為過程呢？如果有，那麼這一方就會有成為專制者的危險了。

如果我們想在社會這個大家庭中美好的生活，那麼就不要過於謹小慎微和苛求。我們都有自己的缺點，這一點在那些有著較高理想追求的人的身上也有明顯的呈現。我們永遠要對自己感到不滿。一個有熱情、追求完美的人是永遠不會感到自滿的。我們也應該在適當的範圍內要求別人做到最好。但是我們有多大的權利要求他們和我們在同一水平線上呢？我們並不了解他們生命中的動力泉源 —— 他們之所以這樣做的原動力。你是否向朋友傳遞了令人不自在的感覺，即你一直對他們很失望。如果我們要在周圍的人中扮演導師的角色，那麼善意、憐憫之心和一定的策略是必要的。

不能包容別人的人是很難相處的。我指的不能包容別

第五章　與人相處的藝術

人，是指這種人很難從別人的角度理解問題，而只是透過自己的視野看待問題，認為任何異於自己的觀點都是錯誤的。年輕人一般很難包容別人。隨著年齡的增長他們會逐漸學會包容。如果你是一個思維嚴謹、稍嫌刻板的人，請不要決絕的認為那些活潑好動的人都是輕浮的。如果你是活力四射的，那麼請不要認為所有嚴肅的人都是愚蠢的呆子。當你尊重別人的時候，要尊重他們的觀點，以及他們這種觀點產生的原因。我們需要更多對彼此的信任。教堂裡不一定都是好人，也不是在你的父親所在的政黨團隊裡的都是誠實的人。

在彼此的互動中，不客氣、不友好是對友誼是很不利的。我是指所有不具有紳士風度的、不友善的、不文雅的態度。粗魯和不忠一樣都會扼殺感情。對我們最親近和最親愛的人，我們也要有友好和適度的客氣，就像我們對待一些萍水相逢的陌生人一樣。你可能會說：「我在家裡就是要做自己。我想說些什麼就可以說些什麼，我可以跟著自己的感覺去做事情。」然而，做自己不是不注意自己的言行舉止，也不是將自己腦中所有不善意的想法一股腦宣洩出來。家是你可以穿著休閒睡衣和舒適的拖鞋的地方，而不是爭吵的地方。能贏得朋友是一件很了不起的事情，但能保持住友誼卻是更加偉大的。

志同道合為先，

否則一切都不能確定，

首先關心彼此，

第一眼看到彼此的行為是一樣的，

都是舉止謙虛禮貌，

這樣會避免我們墮落。

最後，自私的人是無人願意與之為伍的。自私是這個世界中的萬惡之源。自私是一個潛伏著的敵人，它會侵蝕我們每一個人。在家庭生活中，務必要養成無私的習慣，否則將永遠都無法發展和培養出無私的性情。在家庭生活中，時時刻刻都有機會實踐無私的做法。再沒有別的地方比家裡更能提供機會去關心他人的需求，並隨時提供無私的幫助的了。再也沒有別的什麼地方比家裡更適合犧牲自己的快樂換來大家的愉悅的場合了。然而，其實只要有人居住的地方，就有機會去實踐這種品德。

總是有一些狡猾的「小狐狸」糟蹋葡萄藤。總會有這樣一些人，他們苛求、吹毛求疵、易怒、以自我為中心，不友好，然而他們誠實的生活著，並在這個世界上小有作為。然而，如果他們能夠讓自己的言行令人感到愜意的話，他們所獲得的成績可能更加卓越，他們也可能更加幸福：人們跟他們生活在一起也會更加愉快和舒服。

　　請允許我具體解釋我在這個話題上的觀點，它們在很大
程度上是正確的。好的建議在給出的時候，往往越具體越有
價值。

（一）在處理瑣事時，別浪費自己的時間，也別浪費公司的時間

　　大量關於瑣事和無用的事情的談話，常常使明智的人感
到厭惡，這使談話變成令人反感的事情。結果，經常談論瑣
碎事情的人總有一天會被公司辭退，無法在社會上立足。他
無法花幾個小時的寶貴時間去聆聽別人討論具體的事情。他
不喜歡加入討論，只是默默的坐在那裡，直到最後一個人
離去。現在，我不再為仔細的挑出他人哪怕是極其微小的錯
誤而鼓掌。與此同時，我會盡力使自己認為那些人是在開玩
笑，於是透過平緩、淺顯的談話，詢問對方是否意識到他正
在將明智的人一步一步趕出自己的社交圈子。但是，他不應
該退卻，他應該有勇氣逆轉自己的這種趨勢。你不應該僅因
為其他人談論的是瑣碎的事而坐在那裡默不作聲。在許多圈
子裡，你至少能發現一個人，他願意與他人交流，在這個圈
子裡發揮主導作用。找到他，提出你的困惑，他將非常願意

提供你所需要的資訊。在一個圈子裡，如果沒有多少人願意透過談話受益，那麼你就應該承擔起這個任務。你不應該抱怨你所在的公司乏味、沒有生氣，而應該加入到談話中，使更多的人透過談話受益。令人遺憾的是，那些頭腦聰明、天資聰穎的人的數量在公司裡看起來微乎其微，尤其是當他們應該引領談話朝正確的方向發展並使在場的人對該話題感興趣時。談話應該朝著有建設性的方向發展，而目前這種實踐卻少之又少。

一個被迫大量學習和思考的人在這種情況下是極其危險的，因為，當他步入社會後，他忽略了學習，忘記了他曾經的思考軌跡，於是他的精神不再富有伸縮性，而是平淡無奇。接下來的問題是，他忘記了應該用知識和天賦引導、啟迪他的圈子中的朋友。我的意思不是讓你盡力壟斷談話，炫耀、顯示自己的才華與成就，而是你不應該浪費自己的時間，也不應該浪費那些耐心聽眾的時間，讓他們聽你口不對心的話，聽你翻來覆去、浪費時間的言辭，聽那些對個人提升沒有任何幫助的胡言亂語。不要做任何貌似權威的事情，記住，任何妄圖依靠竊竊私語使自己在社會上立足、獲得承認的人都是不明智的。談話本來應該是令人愉悅、給人以美的享受的，但是，如果你總是邀請別人吃蒸蛋和冰淇淋的話，誰還會感謝你呢？你在一個公司工作一段時間後，離開

時，如果你不能讓人留下一種印象，即你透過工作比剛來的時候更明智，或使其他人更明智，那麼，出問題的不是別人，而是你自己。

（二）在公司裡，不要背後詆毀他人

不管你今後供職的公司大還是小，你都應該記住，一旦你在某人背後說了他的壞話，這些話總有一天會傳到他的耳朵裡。那麼，你就犯了一個天大的錯誤，復仇者早晚會找上門來。

人類世界有一個普遍的偏好，就是詆毀同類，或者拋出一些有暗示性的東西，動搖同伴們中肯的觀點。詆毀他人的人欺騙的其實是自己，人不可能永遠欺騙他人。他們總是想著推推這個，擠擠那個，剝奪對自己無用者的榮譽，並認為這是一種善事。我記得，曾在狄奧多羅斯[42]的作品中讀到過一段關於一種活潑小動物的描述。如果我沒有記錯的話，那種小動物叫做姬蜂。姬蜂們整整一生都在尋找鱷魚蛋，並把那些蛋弄碎。這種本能令人難以忘卻，因為姬蜂並不以被弄

42　狄奧多羅斯（Diodorus Siculus），西元前一世紀古希臘歷史學家。據狄奧多羅斯自述，他生於西西里阿吉拉。代表作：《歷史叢書》等。

破的鱷魚蛋為食。關於姬蜂的描述非常少。據歷史學家所說，要不是姬蜂們的辛勤勞動，現在埃及到處都是鱷魚；埃及人不會自己去毀滅那些可畏的生靈，因為他們像敬神一樣敬拜鱷魚。人類社會中，那些詆毀他人的人，是否經常慶幸自己冷漠得像姬蜂一樣，並認為自己在做有益於整個人類的事情呢？他們也許經常這樣想，但最終被欺騙的只是他們自己。其他人會怎樣看待他們呢？很多人都知道，如果你成功的詆毀他人，你就能獲得被詆毀者的地位或榮譽。出於同樣的想法，韃靼人不惜一切代價殘殺那些天資聰穎、成就非凡的人，這樣韃靼人的聰明和他們所獲得的社會地位就會永遠至高無上，這種尊貴和權威會一直延續到他們生命的終點，當然，被殺戮者的財產永遠歸韃靼人所有。如果這一理論是正確的，韃靼人則應該向那些沉迷於用惡毒的話從背後攻擊他人的人表示歉意，因為，這一理論使人在很多時候將占有別人優秀的東西看作是生活的唯一希望。你詆毀他人時所說的話，不僅會傳到被詆毀者那裡，也會使反對他的一些人對他有成見。很多人都喜歡聽別人詆毀別人的話，只要被詆毀的不是他們自己就行。往往稱讚人的話，十句裡面幾乎沒有一句能被記住；而貶低人的話，不用多，只說上兩、三句就會被記住。正所謂「好事不出門，壞事傳千里」。所以，千萬不能在背後詆毀別人。對於正直的人來說，詆毀別人的話

會在自己的良心上留下擦不掉的汙點。你千萬不要用輕蔑的口氣背後詆毀別人。當別人犯錯誤的時候，應使用不會被誤解的語言告訴對方，錯在何處，應如何解決。「凡是那些醉心於挑剔、嘲笑自己最親愛朋友的細小缺點和弱點的人，在將來的某個時候會發現他周圍所有的人都在反對他。任何一個用卑鄙的手段將別人置於被嘲笑境地的人，在他短暫的笑聲過後，冷靜思考時，也會認為以後一定要警惕類似的手段被用在自己身上。但是，當沒有這種危險的感覺時，人性中那種很自然的驕傲就會滋生蔓延。」除非你將自己的注意力特別集中在這一主題上，否則你很可能意識不到有多少這樣刺目的箭射向那些不在場的人。

　　一個誠實的傢伙被介紹進入鄉村中最時尚的一個圈子裡，他既不見多識廣也不才華橫溢，卻很受歡迎。但是，他有一個屢教不改的毛病：他總愛待在房間裡，直到只剩他自己一個人時才離開。終於，有人很直白的問他，為什麼總要待到最後。他帶著那優美誠實的本性簡潔的回答道：「剛有一個人離開，他們就開始在背後詆毀他，於是，他必然的認為一直待到沒有哪個人留下來詆毀他時才是明智的選擇。」

（三）小心阿諛奉承

奉承你的朋友和熟人的習慣對你自己的性格會有不良影響。它對你自己帶來的傷害比對其他人帶來的要多。人們能夠透澈的理解，那些有奉承他人習慣的人總是期望得到同樣的回報，對於其他的各種利益也是如此。這絕對不同於私下裡給予你的朋友鼓舞。諂媚的話語通常在公共場合出現，為的是讓在場的其他證人聽到，但是，明智的鼓勵總是私下裡表達的。如果人們奉承你，你會覺得應該為了他們做某些事情，為了回報他們的奉承，你一定會那麼做的。因為你清楚的知道，你沒有其他任何辦法取消他們強加在你肩上的這種「責任」和「義務」，因為除了這個沒有一個報償能夠令他們滿意。這樣，你就僱用了其他人幫忙把你變成一個很容易上當受騙的人。他們不考慮實際情況，任意誇大你的優點和長處。然後，出於一個很明顯的原因，你戒絕了被別人奉承的奢華享受，尤其是不再尋找這樣的珍珠了。如果不是徹底的看到那動機，你萬萬不會那樣做。當年輕人明明知道那個亂塗亂畫的人只是虛情假意時，卻還是貪婪的吞噬那虛假的讚美，看到這些，你可能會非常驚訝。我們是多麼的熱衷於別人的讚美，甚至當我們知道自己配不上那些稱讚時也緊緊抓住它不放，這足以使我們自己驚訝得目瞪口呆。詹森（John-

85

son）這樣解釋該事實背後的人生哲學。他說：「被奉承總是愉快的，即使我們知道讚美者根本就不相信那些稱讚之詞。但他們至少能夠證明我們的力量，表示我們的善行受到尊重，當然，只用些卑鄙的謊言就能買到這些言辭。」若讚美他人只是一種願望，只是為了給予他人較高的評價，那麼，這就是傳說中慷慨的象徵。我對此沒有任何疑問。對於這樣的願望，我認為無可厚非。

（四）絕不可在莊重面前露出你的輕浮

步入社會後，進入一個成員混雜的公司裡，不應傷害任何一個人的感情。用輕浮對待任何一個莊重的主題都是不現實的。那樣做絕不是智力水準的象徵，也不是免受歧視的象徵，更不是良好素養的象徵。它只不過展示出一種沒有責任心的心靈。凡是輕浮的談論他最好的朋友或與他有關的一切的人將會很容易向誘惑屈服，還會以同樣的方式對待他俗世間的朋友。他們的內心自私，不適合做你的知己。面對莊嚴的事情，舉止輕浮或處事草率將會毀掉你的品格或其他任何一個人的品格。

在規範的公司裡，這樣的景象很少見，就像讀者們不會

貶低他們感興趣的、對他們有好處的書一樣。當你聽說有人在使用輕浮的語言時，你可能得出結論，他內心盛裝的是毒蛇的巢穴。反過來說，其中的每一條毒蛇都是他的主人，他這個可憐蟲在用自己生命的血液餵養牠們。

（五）引入談話的主題時要小心謹慎

　　有些人總是在狹小的領域裡運動，他們思考的範圍也很狹小，以至於你總能預期同樣的談話主題和重複了一遍又一遍的故事，周而復始，沒什麼變化。如果你有一個特別喜歡的話題，你肯定會不知不覺的採用這個習慣。沒有比這樣的談話者更無聊、更討厭的了。同樣的一場談話在你面前重現，同樣的恭維被重複，同樣的玩笑被引入。

　　有些人特意重複同樣的話題，他們認為這些話題會令你喜歡。他們透過談論那些他們認為會令你愉悅的話題來奉承你，就好像他們邀請你進餐，然後，往你的盤子裡放一些奇怪的食物，雖然他們自己和其他的夥伴不喜歡這些食物，但卻假設你喜歡。這比侮辱你還糟糕，因為面對侮慢無禮的侮辱你可能已經沒有了怨恨和不滿。例如，如果一個人從宗教的角度出發，以為我是一個喀爾文教徒，於是，每次遇見我

他都會極力讚美約翰‧喀爾文[43]，或者稱讚清教徒。但當我得知他從心底裡看不起這兩類人時，我絕不會因他承受這些痛苦取悅我而向他表示感謝。如果他誠懇的渴望得到關於我喜好的資訊，或其他我所喜歡的話題，那麼，透過給我機會談論我所知道的事情，他為我做了一件好事。但是，如果一個話題被牽扯進來，不停的重複，那麼沒有什麼比這更讓人噁心的了。有些人在這方面放縱自己，那麼對他們的譴責將是嚴厲的，但也是公平的。有一個人總認為他的朋友特別喜歡談論《聖經》中的人物，於是利用一切機會將話題轉到這個方面。對於其中的一種情況，他說：「我敢肯定，這個力士參孫的力量之大，可以用『前無古人，後無來者』形容。」在另一種情況下，他說：「不是這樣的，不是這樣的，你自己就是那個比力士參孫還強壯的人。」「怎麼會是那個樣子呢？」「哇！你居然拉頭拽肩的把他拉了進來！」

談話是精神的盛宴。你不必期望在某個角落有一張專門為你擺放的小桌，你將和大家一起圍坐桌旁，享受這美好的宴席。記住，令你不快的盛情款待同樣會令其他人感覺不愉快。一定要小心的避免粗鄙的做法，因為它總是為人帶來痛苦。

---

43 約翰‧喀爾文（Jean Calvin，西元 1509 ～ 1564 年），法國與瑞士著名的律師、牧師、宗教改革時代神學家，新教的重要派別 —— 改革宗的創始人。

當介紹自己成為一個話題時，要盡量少的使用語言。我們總是處於這樣的危險之中，隨著年齡的增長，這種危險的可能性也在增長。「對於一個人來說，談論自己是一個又難又不好講的一個話題，」曾有人說，「這會令說話者的內心飽受煎熬，不知是否應該說些貶低自己的話語；對於聽者的耳朵也是一個考驗，因為他不得不聽那些自我褒獎的言辭。」如果你周圍的環境使你不得不向他人尋求幫助，那麼，介紹你自己則顯得尤為危險。如果一個乞丐想要的東西是現實的、可知的，那麼他會得到寬慰和解脫。但是，如果他費盡心思暴露自己的傷疤，那些本來想與他交友的人會帶著厭惡轉身離去。所以，介紹你自己、你的朋友、你的所作所為時，應盡量少說話，因為如果你說得過多，就有可能被認為是要得到欽佩或憐憫。優秀的作家總會建議他的讀者不要過多的談論自己，除非他們在這個世界上獲得了重大的成就。但是，這個經驗並不是絕對安全的。在他看來，到底誰才是那個成就不夠多而不能將自己作為談話主題的那個人呢？

（六）詼諧幽默時要小心

　　如果不小心謹慎的話，你可能陷入將老笑話當作新笑話講來講去的危險之中，或者陷入將你出生前很久就存在的笑話據為己有的危險之中。你也許聽說過，或讀過這樣一句話：你讀到的或聽到的東西都可能離開你的大腦，只有笑話會留下來。在一般的交談中，最好將自己看得平常些、普通些，不要盡量表現得才華橫溢或者滑稽可笑，因為你將為此付出長期的、無法承受的代價。一旦他們養成了借用的習慣，他們的記憶將很快停止：他們可以自由使用的東西不再是他們自己的。

　　談論此話題時，我想說，如果你被詼諧幽默打動，並沉迷於其中，那麼你就陷入了虛弱危險的境地。巧妙的措辭和創造名言警句的能力是可以培養的。據我所知，在人們的面前，妙語和即興的創作能帶來陣陣笑聲，但是如果事先私下研究、安排的話，迎接這些笑料的可能就是冷漠和平靜。格言警句出現時或多或少就是這個樣子。其中顯示的才華與天賦很快履行完自己的職責，就好像他們是瞬間的產物。放縱自己的才智有個危險：不傷害他人就沒有辦法將工具磨得鋒利無比。如果你願意的話，與它抗爭吧！你最好的笑話，也是最鋒利的箭，直射向你身邊的人，尤其是那些活著的人。

這會引起朋友的反目和胸中的怒火。那些試圖使自己機敏有才的人一定有很多敵人。當你聽說某人寧可失去朋友也不願失去一個玩笑時，你可能會想，他很快就不會再有為朋友開玩笑的麻煩了。

　　每個人都知道自己的特性和弱點，但是，那些是他本性中的一部分。他不能，也不願喜愛一個用這些弱點傷害他的人。這些弱點確實是我們的，儘管我們為之感到羞恥，有些人還因為這些弱點而不能很好的融入到周圍的環境中，但是，我們卻不喜歡讓他們受到嘲笑。我們會排斥那些有優越感，還拿別人的性格開玩笑的人。他可能會使周圍的人發出陣陣笑聲，他也可能受到別人短暫的恭維，但那一定是來自於那些與他心照不宣的分享那份快樂的人。試圖變得機敏的另一個危險是：你可能會傷害到自己的內心。若不努力培養觀念中特別又奇怪的連結，沒有誰能夠變得機智又有才華。很多思想是透過無人知曉的管道跑進一般人的頭腦和思維中的。你關心的每一件事中一定夾雜著奇異的光芒，於是，頭腦很快就習慣了那些稀奇古怪的連結。結果將會是：大腦不再是一個平衡性良好、能夠獲得和傳播資訊的工具。一心想成為才子的人，可能會獲得成功，但只是二流的。對周圍的一切沒有任何用處。大眾作家筆下描繪的自作聰明的小人物的性格，在現實生活中卻是真實的。「他是全西班牙最自負的

第五章　與人相處的藝術

人物；儘管他前六十年的生命中除了無知還是無知，但為了變得博學多才，他特意聘請了一位導師，教他拼寫拉丁文和希臘文。除了這些，他還背誦了大量的典型的故事。他一遍又一遍的重複、肯定這些故事，以至於最後他自己真的完全相信它們了。這些故事本來是用來幫助談話的；於是有人說，他的智慧的光彩是以自己的記憶為代價的。」還有一件很重要的事需要記住：能夠說出許多華麗言辭讚美他人的人，同樣能夠說出大量虛偽愚蠢的話來。在水下尋找珍珠的人總會發現，能沖刷出最耀眼珍珠的海水同樣能沖刷出最一般的貝殼。我們最美好的期望是：極少數詼諧幽默的話語在人們口中流傳、重複，而那些沒有價值的東西則被永遠的遺忘。

「森林，」站在森林中的一位弓箭手說道，「我們總得用這些樹做些什麼吧，我的朋友！我發現你很有天賦，但你卻不知道應該怎樣使用它。怕說錯話的擔心阻礙你在與他人交談的過程中冒險，然而，僅在這一方面，現在已經有很多人贏得了才子的美名。如果你有閃亮的思想，那麼，替你的活潑套上韁繩，淡然的用你的一切去冒險，你的錯誤將被看成是高貴的大膽。如果，說了一千遍莽撞無禮的話後，一個俏皮話使愚蠢的事情被忘記，睿智的觀點被記憶，那麼，全世界將會為你歌功頌德。這是每一個渴求獲得才子殊榮的人必須做的事情。」

（七）談話中還應注意，不要故意炫耀知識或高深的學問

　　沒有哪個夥伴願意承認自己無知。當一個人炫耀自己的才華時，他是在向周圍的人發出沉默的邀請，邀請他們承認他的優秀和其他人的無知。沒有比這更令人不悅的邀請了。我曾經認識一個學生，他竭盡所能想使自己在社交的圈子裡受到歡迎，卻沒有成功。他很難找到其中的原因，然而一個夜晚讓他了解了一切。他在用希臘語談話的同時還引用了拉丁文，他興高采烈的對某些字或詞追本溯源。例如，他費盡力氣向同伴展示 comedy（喜劇）這個詞在某種程度上遺失了本意，因為這個詞是由 κωμη street 和 ωδη song 組成的，意思是街頭小調，通常在城市裡穿街走巷的馬車上表演。這些都是真實的，但是這個故意賣弄學問的人實在令人難以忍受，其實他身上沒有多少學者氣；找一本好字典，看上半個鐘頭，得到的東西足夠折磨周圍人一個晚上了。真正的學者是不會譁眾取寵的。有一些略通醫術的人，總是擔心你會懷疑他無知，於是他們使用一些晦澀難懂的專業術語，甚至用藥典中的詞彙來咬文嚼字，誇誇其談。可能也是出於這個原因，賣弄學問的人才如此可憎。如果你遇到一個人，他滿嘴都是拉丁語，還用希臘語煩擾你，那麼你會認為他的學識之

深淺就像放肆無禮的看門狗的勇氣般大小，只要有人經過主
人的家門，牠就汪汪大叫。如果你只是待在學生們中間，情
況就不一樣了。但是，在不同身分的人面前，最聰明的評論
如若出自平常人之口，則往往受不到歡迎。

（八）在所有的談話中，一定要注意保持純潔的思想

　　所有通往粗野無禮的通道的開通會很快受到所有優秀社
會團體的反對。確實，你找不到一個會因對方的粗野無禮而
感到高興的人。在人面前說些下流的雙關語或類似的言語，
往往令人心生厭煩。原因很明顯，沒有人喜歡接受這樣的無
禮，而你卻自認為他們喜歡這樣的談話。這對思想純潔、
道德高尚的人來說是一個直白的侮辱。某些時候，某些事物
被錯誤的介紹和解釋時，在我所知曉的範圍中，除了那表達
出來的和感覺到的非難和指責，別無他物。你抱著啟迪或取
悅他人的目的複述某些事實或奇聞軼事時，你的語言應該純
淨，你的思想應該純潔。

　　應該怎樣讓那些軼事和故事發揮作用呢？如果使用妥
當，它們會很重要、很有價值；如果使用不當，他們不僅一

無是處，還會帶來一些負面影響。你可能見過各行各業的人，他們總愛講些奇聞軼事，或者講些故事。當你剛剛與他們結識，你會覺得他們的知識量似乎無窮無盡，但隨著交流的深入，你會發現他們的存貨真的很有限。每一年裡，同樣的笑料要重複好多次。一個人因經常講老故事而著名；另一個則因和朋友一起時，能營造良好的氛圍，帶來陣陣笑聲而引人注意。然而，這些人不會，也不可能像普通的人或事物那樣，受到高度的讚揚。同時，某些故事和奇聞軼事闡釋的重要原則很難被完全拋棄。你怎樣才能避開義大利美西納海峽上的錫拉岩礁，還不能陷入卡律布狄斯漩渦呢？我的回答是，你可以而且應該使用故事和軼事。它們很重要。沒有它們，你不能激起別人的興趣，並給予他們指導，不能讓他人留下深刻印象。你可以大量的使用它們。我以前曾經說過，你怎樣使用它們都不為過。但是，在這裡，我要給出兩個很重要的警告。

1. 使用的事實要客觀。不要為了潤色、使它更吸引人或切中要害而添枝加葉或刪減情節。如果你增加或減少任何一部分，你都在掩飾歷史。有些人若不歪曲歷史或篡改歷史的本色，他們便無法以奇聞軼事的形式重複事件，結果你無法分辨出歷史的真相。這個習慣太糟糕了。因為如果任其滋生蔓延，用不了多久，你就不能客觀的講

述有趣的事實了。

2. 不要只為了消遣而講故事，或重複那些軼事。它們的作用在於進一步解釋你所說的話，或你所寫的東西。如果它們被用來實現其他的目的，那麼，不協調的音符將會出現。

我希望，在所有這些評論中，沒有讓你留下這樣一種印象，即你在運用這些事實和軼事時應該養成那討厭的謹小慎微的習慣。那簡直令人無法容忍。就像吃小魚一樣，過程一定要慢，但吃完以後，你想起來的是魚骨頭，卻不是魚肉。那這種吃魚的方法是不明智的。草率的人若能巧妙的避開魚骨，結果就不會是這樣。

盡量使你的談話遠離嫉妒。為了實現這個目標，你的內心一定要保持清澈。在所有的談話中，你都應該興高采烈、情緒良好。這應該成為你的習慣，使你總是那麼令人愉快。我們有如此多的弱點和苦難，我們的生命中有如此多的下坡路，以至於我們非常願意與快樂的朋友相處。十足的瘸子，即使是尖酸刻薄的人，也喜歡停下來，忘記他們自己，聽孩子們咿呀學語，還有那歡樂的呼喊聲。歡樂氣氛的營造，談話中令人愉悅的言談舉止，都會增加你自己的舒適感，還能使和你互動的人感到更加舒服愜意。野兔是敏感的考珀（Cowper）夜晚的伴侶；他告訴我們，野兔們歡快的嬉戲能為他那悲傷的時刻染上愉快的色彩。

以下規則，節選自有先見之明的梅森（Mason）給他學生的關於談話的建議。

1. 選擇能為你帶來好處的人做你的朋友，就像你選擇書籍一樣。最好的夥伴和最好的書籍既能為你帶來進步，又能令你感到愉快。如果從你的夥伴身上既得不到提升，又得不到快樂，那麼為他們提供提升或快樂吧，或者兩樣都提供吧！如果你既不能得到好處，又不能給予好處，那就立刻離開那個傢伙吧！

2. 研究你夥伴的性格。如果他們比你優秀，則應虛心向他們請教，認真聆聽他們的觀點；如果他們比你差，則應為他們提供幫助。

3. 當談話陷入低谷時，引入一些大眾性的話題，讓每個人都能說上幾句，從而使談話恢復活力。或許，事先在頭腦裡準備一些適當的話題也不算是錯誤。

4. 當新鮮的、有價值的或有指導作用的內容在談話中出現，可以立刻將它們記在備忘錄上。永遠記住那些曾經傷害過你的話語，因為它們值得保留。但是，堅決抵制品質低下的東西。

5. 不要在朋友中間顯得無足輕重。盡量讓別人喜歡你。然後，你將發現自己說出的話容易被人接受。沉默是不好的習慣。如果用很禮貌的方式說話，就算是平庸的話語

也比完全的沉默更容易被接受。平平常常的言辭往往能帶來一些有價值的東西。任何時候，你若打破那死一般的沉寂，所有的人都會感到寬慰，並對你心存感激。

6. 不要急於加入，也不要喧囂吵鬧。如果某一方面你可以處理得很好，你能夠成為自己的主宰。這時，你就可以透過與人交談獲得你想得到的資訊了。但在同一個圈子裡，某些經典的話語千萬不要重複第二遍。

7. 記住：其他人看待自己的缺點、錯誤與你看待他們的缺點、錯誤之間有著細微的差別。因此，一定要小心，千萬不要不加思索的在人面前表示反對或橫加指責。

8. 如果你的夥伴愛好毀謗他人或者滿嘴汙言穢語，若你能發揮些作用的話，好言相勸吧；如果你的言辭起不了任何作用，那就保持沉默吧；如果沉默也無濟於事，那就選擇離開吧！

9. 不要在談話中裝得光芒四射，就好像那是你特別優秀的地方。實際上，你只是知道一些較為優秀的能力而已。

10. 容忍那些似乎是傲慢無禮的行為。這些行為在其他人看來可能就不是那樣，你還可以從中學到一些東西。

11. 內心舒暢、從容，試著讓其他人也有這種感覺。這樣，很多有價值的想法就會浮出水面。

對此，我還想加一句，不要在人前亂發脾氣。如果遇到別人對你不友好，或者當眾侮辱你的情況，那就不是談論該事的適當場合了。如果你不幸與一位大嗓門又很興奮的反對者發生爭執，一定要保持冷靜，這是最完美的解決方式。「冷刀切得快」，這樣。你們的爭執將會有一個令人滿意的結局。面對挑釁，誰能夠保持冷靜，圈子裡的同情和尊敬就會向誰傾斜。「如果一個人脾氣暴躁，愛好吵架，那最好的辦法就是讓他自己一個人待著。老天爺會給他找事情做的。或者，他很快就會遇到一個比他還強壯的人，那個人給他的報償比你給的還要好。」通常，在爭執中，人們能理解的東西就是強烈的憤怒被激起並準備透過反抗和爭鬥獲得勝利，而這些是不應該被引入到朋友中間的。這種遊戲太粗俗了。討論一旦觸及了這一點，就應該立刻叫停。

記住，你說的每一句話都長著翅膀，永遠影響你的靈魂。話一出口，就無法收回；它對周圍帶來的影響，將長時間存在，甚至比地球還要長壽。

第六章　忍受苦難

第六章　忍受苦難

在隆德美麗的大教堂裡，有一扇彩色玻璃窗，上面每扇窗格子都代表著《聖經》中某位著名人物。當我第一次來到這所大教堂時，立即被其中的一扇窗所吸引，而且從此以後每次來此參觀，我的目光無不流連在那個地方。畫面上是一個叫作提摩太[44]的小男孩跪在媽媽的身旁聽候教導。充滿童真與渴望的男孩提摩太令人想起了約書亞·雷諾茲爵士[45]的作品《小薩姆爾》（*Infant Samuel*）中的一個人物。

如你所知，提摩太是聖·保羅的一位年輕的朋友。在《新約》全書中以他的名字命名的兩封使徒書信就是聖·保羅寫給這位年輕人的。聖·保羅愛他如子，也確實一次又一次的稱他為自己的兒子。

聖·保羅贏得了與他共同生活和工作的那些人的無限尊敬與愛慕。他好像沒有親戚，在我們熟悉他活動的這些年裡，他總是到處奔波，建立教堂，然後將這些教堂留給其他人管理。雖然沒有自己的家庭或親屬，但是他卻能夠隨遇而安，廣結朋友。幾乎沒有人能像他這樣倍受愛戴。他總能在

---

44 提摩太（Timothy），聖經使徒行傳中記載的一位西元一世紀使徒。希臘語名字的意思是敬畏或榮耀上帝的人。《聖經》中記載他長期和使徒保羅在希臘和小亞細亞從事傳道活動，後來負責以弗所會眾的事務。

45 約書亞·雷諾茲爵士（Sir Joshua Reynolds，西元 1723 ～ 1793 年），英國 18 世紀後期最富盛名且頗具影響力的歷史肖像畫家和藝術評論家，英國皇家美術學院的創辦人。

與他共事的那些人的內心占有一席之地。這一點在他周圍的年輕人身上表現得尤其明顯。我們有很多動人的文章來展現他們彼此之間的情感。他說他渴望見到他們，希望他們幸福，他從未停止過為他們祈禱，他將這些年輕人分派出去，按照他的精神意旨去將他的工作繼續進行下去。在這些年輕人中，提摩太似乎一直是他最賞識的一位。他以主教的身分被派去管理一些教堂。我們說的聖‧保羅寫給他的兩封信就是一些關於教堂管理建議的信件。在信中，聖‧保羅強調人格的重要性要高於一切。我們從聖‧保羅德信中得知，提摩太是由他的母親友尼基（Eunice）和他的祖母羅以（Lois）撫養長大的，她們似乎是聖‧保羅最親愛的朋友，提摩太受到了她們最細心的照料。聖‧保羅說：「從孩提時你就已經開始了解《聖經》中的神聖文句了，學習這些能夠使你睿智，得到救贖。」

學習展示自己，得到上帝的認可，成為問心無愧的神職人員。

因此，作為基督耶穌的好士兵，你要忍受困苦。

這些句子節選自寫給提摩太的第二封信，這封信被認為是聖‧保羅寫過的最後一封信。這封信是在一種特殊嚴肅的場合下寫的，它包含著一位老者對一位他愛之如子的年輕人的深切而衷心的建議。這封信充滿悲傷，因為此時聖‧保羅

第六章　忍受苦難

正在獄中，並且他知道自己離死神不遠了。他相信自己不久將被處死，而我們也知道，他當時的預感是正確的。在他所寫的最後這一封信中，他談及了自己對所愛的提摩太最深切的期望。我想我們都會為此事實所感動，這是大多數人都希望自己所愛之人擁有的，他並沒有要求提摩太要多有才華；而是要求他擁有其他一些世界上還沒有給予很高評價的才能。

父輩們為了能夠給予子女財富和自己所擁有的一切而辛苦的工作。他們在辦公室裡埋頭苦幹，失去了健康，放棄了人生中很多進步和提升的機會。而孩子們卻會以一種只會對自己造成傷害的方式，以一種消耗精力、意志，毫無目的的方式盡快的揮霍掉從父輩那裡輕而易舉就得到的錢；或者說，這些錢從未給予美德一個發展的機會。幾年前，人們非常關心羅斯福（Roosevelt）先生關於美國百萬富翁的警句，「誰的兒子是傻瓜，誰的女兒又是公主」，不勞而獲必定會滋生自私的品性並伴隨著一大堆不良影響。實際上，很多年輕人的父母並不富有，他們成長過程中對錢有著完全自私的想法，而對錢真正的用途和價值卻了解很少。

我可以講更多關於縱容孩子的父母對其孩子滿懷期望的事情，他們都可期待同一件事情 —— 安逸的生活。他們希望自己的孩子不受風吹雨打，不用走泥濘、崎嶇的道路，不

必攀登艱難的高峰。他們必須走在陽光下，睡在花床上。艱難、困苦、磨難都給別人的孩子；奢侈安逸都給自己的孩子。

但是，聖‧保羅給予他所愛的年輕人什麼樣的禮物和福祉呢？一種安逸、奢侈的生活？這位偉大的門徒是多麼藐視這種想法啊！取而代之的是他要求年輕人們應該學會怎樣忍受困苦。

我們生活中的「困苦」不可能僅指身體上的折磨，或許根本不是，儘管這種忍耐是造就聖‧保羅偉大品格的一個因素。他告訴我們，他被鞭打過，被石頭扔過，遭受過船隻失事、寒冷、飢餓和赤身裸體。沒有什麼事情能使他氣餒，沒有什麼阻礙他不去克服，他無所畏懼，甚至是面對死亡。他工作的偉大成就歸因於他非凡的身體承受能力以及強大的道德力量。與他相比，即使在我們之中看起來最優秀的人也顯得那麼微弱和無用。這種不顧身體不適，這種無所畏懼，這種依靠內心素養非外界支持的特質，即使我們可能永遠不會被召喚去承受危險與困苦，我們難道看不出這是一件多麼偉大的事情嗎？然而，我們知道，有多少人會因為早餐不合胃口而破壞了一整天的心情，因為多雲的天氣而意志消沉；因為身體不適而很大程度上影響著其性情和行為！年輕人值得去培養的一種讓身體承受「困苦」的特質——能夠忍受身體不適，漠視奢侈和安逸，不依靠外界條件。

第六章　忍受苦難

　　但是，對於我們大多數人來說，有另外一種更加重要的「忍受困苦」。這就是從我們所能擁有的東西中尋找幸福，而不是奢求我們不能有或不該有的任何東西。學習把做一件應該做的，卻是困難重重且令人厭煩的事情當成是理所當然。我們總是會對那些得不到的東西蠢蠢欲動。但是，如果那些並不屬於我們，我們就應該把精力放在我們所擁有的或可能擁有的事情上，並盡力把它們做到最好。

　　假設情況不允許你生活在自己最喜歡的朋友群內或按照你最喜歡的方式生活 ── 這種情況也會發生在很多畢業生的身上 ── 除了極力重視你現在擁有的朋友，在周圍的環境中尋找最好的朋友，還剩下什麼了呢？假設你無法選擇那種你夢想中最適合你的生活，無法選擇能讓你感到最快樂的地方，那麼請你記住，生活中的成功與失敗取決於你是否適應環境和是否能夠在不可避免的複雜環境中發掘出新的成長動力。這在很大意義上講就是「忍受困苦」。假設你一直在為你的未來做著美好的規畫，可是突然一切都被撕碎，那你怎麼辦？你還能撿起這些生命的碎片，改變方式，繼續用它們編織美好的東西嗎？你能那樣做嗎 ── 不是以一種冷淡的、堅忍剛毅的態度去做，而是以一種歡快的、平和的心態去做。若能如此，你就學會了「忍受困苦」，與聖·保羅所忍受的相同的精神。

有時侯，想像一下我們通向幸福的所有外部支柱，如金錢、地位和有影響的朋友，都被剝奪了，然後問問自己，沒有了這些我們還能創造怎樣的生活。那麼，我們就會發現生命中真正有價值的東西，這對我們來說是有好處的。我們都相信——儘管我們通常表現得似乎不相信——樹立堅強而高尚的人格是生命的宗旨。但是，除非情況所迫，我們幾乎沒人為自己提供獲得那些美德的機會，而那些美德比其他任何東西都更有利於樹立高尚的人格！沒有什麼能比拚搏、磨難和困苦更有利於提高品格的了。

　　我記得最近收到了一封信，來自我認識的一個年輕女士。作為有錢人家唯一的女兒，她享受著優越舒適的生活，她知道自己很可能將繼續享有這些。但是這個事實令她很擔心，她寫道，「對於我們這些生於富貴之家的人們，能做些什麼來補償所缺少的拚搏精神呢？」 她很焦慮。一定有什麼東西可以平衡這種缺失，然而生來富貴的人們中能認知到這一點的會有幾人呢！

　　當我想到一些毫無目的、懶散而又真有才能的女孩時，我經常對自己說：「如果能使她靠自己的能力獲得想要得到的生活是何等的福氣啊！」對於另一位過分熱衷享樂、缺少真誠和人格深度的女孩，我很遺憾的說：「除非發生重大悲痛的事，恐怕沒有什麼能打動她，使她認清生活的現實。」只有

第六章　忍受苦難

付出重大代價才能獲得教訓是多麼悲哀啊！

　　一百多年前，當阿多奈拉姆・賈德森[46]要作為最早的傳教士團隊中的一員去印度之前，他向布拉德福的安・哈瑟爾廷（Ann Hasseltine）求婚，在給她父親的信中寫道：

現在我來詢問您是否會同意在這早春之際與您的女兒分離，並從此再也見不到她；您是否會同意她離開您，前往異國他鄉，承受一個傳教士生活的困難和磨練；您是否會同意她置身於大海的危險之中；遭受印度南方氣候的致命影響；各種物資缺乏與精神苦惱；生活下降，種族迫害，也或許會死於暴力。

　　確實是一封不同尋常的信！阿多奈拉姆・賈德森和他的妻子安也的確遭受了很多預測到的苦難。但是如果他們沒有去經歷，那些黑暗中的土地上將不會見到光明。如果不是有一些具有英雄氣概的人準備將命運握在自己的手中，並全身心的投入，對文明和信仰精神的祈求也就不會傳到地球上這麼偏遠的地方去。

　　想要什麼就有什麼，想做什麼就做什麼，這對於任何一個年齡階段都是一個致命的習慣，尤其在年輕時期。相反，要培養遠離奢華與安逸的獨立精神，學習聖・保羅在了解自己擁有面對和處理生活中各種困難、險阻或危險的能力時所

---

46 阿多奈拉姆・賈德森（Adoniram Judson，西元 1788 ～ 1850 年），美國
　　傳教士，一生於緬甸開荒、布道，將《聖經》翻譯成為緬文。

感到的快樂。

我們發現菲利普斯‧布魯克斯的思想與聖‧保羅寫給提摩太的真摯的話語有著驚人的相似：

> 不要祈禱安逸的生活！祈禱成為更強的人！不要祈禱與你的能力相當的工作；祈禱擁有勝任工作的能力！那麼你做的工作就不會是個奇蹟，而你將成為一個奇蹟。每天你都會對自己感到吃驚，對上蒼賜予你的豐富生活感到驚嘆不已。

第七章　時間的重要性

第七章　時間的重要性

在我提到的關於時間的要點中，這一點最難闡述。明確的寫出時間的缺點和優點是很容易的事，但是要提出如何改善時間的特殊法則就沒有那麼容易了。但這也要比合理安排時間、下定決心盡可能的充分利用時間更加容易些。通常情況下，一個吝嗇鬼變得富有，不是因為他有豐厚的收入，而是因為他在花錢時是那麼小心翼翼、謹小慎微。以下箴言不僅教會我們要在一日之晨就開始尊重時間，而且教會我們不要等到晚上才開始學習。「思考這個問題是一項艱鉅的任務。時間是最為珍貴的東西，即使是一個極為慷慨的人也不會對時間的流逝熟視無睹。顯然，甚至那些對所有東西都勤儉節約的人也會對時間極為珍惜；塞內卡 [47] 說：『貪婪是一種美德』。試想，適當的節約可以獲得多少時間，結果是令人驚訝的。」

沒有人會試圖改善時間的使用，除非他意識到時間的重要性。根據最精確的計算，我們只有很短暫的時間學習所有的東西，做所有的事情。在每天的開始，就要思考今天在睡覺之前你要做些什麼，完成多少事情，然後立即開始實施計畫。印第安修行者那裡有很多關於教育信徒的一些幽默的描述，從中我們可以學到很多東西。二世紀哲學家阿普列尤

47　塞內卡（Lucius Annaeus Seneca，約西元前 4 ～ 65 年），古羅馬時代著名的斯多葛學派哲學家、政治家、劇作家。

斯 [48] 曾這樣描述：「在晚飯開席之前，主人將會詢問在座的每一個學者，這一天他們都是如何利用時間的。一些人回答說，他們被選為仲裁人，他們解決了人們的分歧，讓他們成為朋友；一些人回答說，他們執行了父母的命令；還有一些人回答說，他們發現了一些新的東西或是從他們的同伴那裡學到了一些東西。如果有人沒能很好的利用他們的時間，這樣的人就會立即被趕出去繼續工作，而剩下的人就可以用餐了。」

沒有什麼比養成睡覺習慣更容易的事情了。我們身體的生理系統每天需要 8 ～ 10 小時的睡眠，如果不睡覺，身體就會感到不適。物理學家認為，6 小時睡眠對於健康來說足夠了。這 6 個小時是指從你躺到枕頭上閉上眼睛的那一刻起。但假設你每天睡 7 個小時，並嚴格遵守這個時間，那麼你所擁有的時間要比睡 6 小時的你少了很多。你把這 7 小時以外的時間都用到學習上了嗎？你的學習有沒有獲得進步呢？但這還不完全是浪費時間的問題，你身體的整個系統會因睡眠過多而惡化；如果你不適應緊張的學習，在 9 ～ 10 個小時的睡眠之後，你就會感覺胃裡好像裝滿了食物一樣，身體和大

---

48 阿普列尤斯（Lucius Apuleius，西元約 124 ～約 189 年），古羅馬作家、哲學家。柏柏爾人。出生於北非的古羅馬殖民地努密底省馬道拉地方（屬今阿爾及利亞），為官吏家庭。曾在雅典學習柏拉圖主義哲學，後廣泛遊歷地中海地區。代表作：《辯護狀》、《金驢記》等。

腦都受到了影響。減少兩個小時的睡眠，賦予這兩個小時更多的價值，讓大腦獲得更多的能量。減少睡眠，你就會有更加明顯的收穫。如何來評價飯後的睡眠呢？用幾個詞來形容就足夠了。如果你希望有一種遲鈍的、發燒的感覺，精神萎靡，筋疲力盡，頭疼，一個拒絕工作的胃，那麼吃一頓豐盛的晚餐，然後馬上去睡覺。但是作為學生，如果繼續這樣的話，你的命運將會被你的習慣所牽制。

懶惰與懶散、閒散有所不同。懶散主要是指一種遲鈍的、不積極的狀態，把現在應該做的事情拖到未來的某個時間。除非你的行為循規蹈矩，並且有責任感，否則這種狀態將時時刻刻困擾著你。讓你的學習變成一種責任而非樂趣，只有透過這種方式才能完成。有時，這可以是一種樂趣，但通常情況下應該是一種責任。一位物理學家表示：「我努力工作，因為這是我的職責，而不是我的興趣；後者和履行職責是不可分割的。」

懶散總是因靈魂的生鏽而產生的。習慣很容易養成，或者說，懶散是我們閒散本性的組成部分。

我們最大的錯誤就在於總是感覺自己不能做任何偉大的事情，除非我們把所有的時間都用在這件特別的事情上。「如果我有時間坐下來一天一天，甚至一週一週的審視這個問題，並且寫下這一點，我就能做這件事情。」但是，你能

用那些透過熬夜或是剝奪早晨的睡眠時間而收集來的瑣碎時間做些什麼呢？一位夫人告訴我們，法國皇后的侍女需要在晚餐之前在餐桌旁等待她的女主人 15 分鐘。每頓晚餐都可以節省出 15 分鐘，加在一起就是寫一、兩卷書的時間。只要節省你現在放棄掉的每一分每一秒，你就會很容易的做成很多事情。在每個人職責範圍內最忙碌的階段很難有閒置時間，而這些閒置時間在追求目標的過程中被浪費了。時間並非一架大型手搖風琴，簡單改變琴鍵就能改變音調。博學多識的伊拉斯謨 [49] 把生命的大部分時間都用於在世界各國遊走、贏得支持的承諾，而這種承諾只是用來浪費他的時間，否則的話，他可能會有更多的經典流傳下來。

希望我在這個章節中所說的話可以讓你了解學習的意義，並且形成快樂學習的習慣。很多人會學習一些沒有實際用途的東西，和他們所選的課程也沒有必然的關聯。這些東西是沒有意義的、幼稚的。你可以克服它們，但目的是什麼呢？

音樂、繪畫以及類似的東西都是看似沒有實際用途；但是有多少人會意識到這些往往是為我們打開另一個世界的鑰

---

49 伊拉斯謨（Desiderius Erasmus Roterodamus；西元 1466 ～ 1536 年），文藝復興時期尼德蘭（今荷蘭和比利時）著名的人文主義思想家和神學家，為北方文藝復興的代表人物。伊拉斯謨是一個用純拉丁語寫作的古典學者。代表作：《愚人頌》、《基督教騎士手冊》、《論兒童的教養》等。

第七章　時間的重要性

匙，同時也是提升自身品味和陶冶情操的必需品，而且這些學養會影響他們的一生。

當思維疲倦時，我們把時間遺失在追求學習的過程中。當思維和身體都筋疲力盡時，把注意力轉移到其他學習中，精力很快就會得到緩解和恢復。

由於拖延時間，我們的學習充滿壓力。如果你允許自己被學習所驅使，那麼你就不可能讓思維放鬆下來。如果你總是把工作拖到最後一刻完成，你就不是自己的主人。

一個人可以用一個下午做一天的工作，但是如果把工作拖到下午，那麼整個上午你都會不開心，而下午又會工作過度，甚至要工作到晚上。匆匆忙忙做事，無論思維多麼活躍，也不會把工作做好。上午的時間不應該用來閒逛，而應該用來工作，因為你可以在晚上恢復體力。遵守時間安排是最為重要的。就好像是工人把東西打包好裝進盒子：一個好的包裝工人要比一個差的包裝工人裝得多。這種方式產生的冷靜思維是遵守時間的另一個產物點。一個思維混亂的人總是匆匆忙忙的：他沒有時間和你說話，因為他打算去其他的地方。當到達那裡的時候，對他的生意來說已經太遲了。遵守時間有利於塑造人的性格。「這樣的人已經做了預約；我就知道一定會遵守約定。」一旦遵守時間這一美德傳播開來，約定就成為了債務：如果我和你做了約定，那麼我就欠你時

間，我沒有權利浪費你的時間。

不要把時間浪費在我們永遠不可能完成的計畫和學習上。

如果在生命的早期我們就養成不按時完成工作或學習的習慣的話，惰性就會滋長。一個朋友塞給我一堆文件，這些文件原本屬於一個被認為是天才的人。問題就是 ——「這些東西值得出版嗎？」誠實要求的答案是「不」。他幾乎沒有完成一件事情。這是一首剛剛開始寫的詩；那是一首即將完成的十四行詩；那是對日食的計算，大約完成了三分之二；這是一篇剛剛開始寫的作文；這是一封寫了一半的信。顯然，他擁有非凡的智力，甚至是一個天才，但是他的這種習慣使他永遠不能聞名於世。這是一個良好的基本規則 —— 永遠不要開始不能完成的事情，你應該把所有的時間都用在你所希望有所收穫的事情上，每天做一些事情，且要按時完成。

有條不紊對於我們正確分配時間是非常重要的。一個不停轉動的輪子可以帶來強大的能量，但是如果其中一個齒輪損壞，緊接著就會有另一個損壞，那麼整個機器將會受到影響，直到最後成為碎片。因此，如果你試著有條不紊的安排你的學習，無論何時出現問題，你都能夠應對。

人們把太多的時間浪費在衣著上，有些人每天早晨會用 1 到 2 個小時刮鬍子穿衣服。他們在一生中都做了些什麼？他們有光滑的臉頰，他們看上去很整潔，但是他們卻從來

第七章　時間的重要性

沒有做一些值得稱道或是偉大的事情。衣著整潔是值得表揚的，但是沒有辦法把一車的木材都刷上油漆，如果我們想要帶著這些木材翻山越嶺的話。

我將會從另一個角度說明鍛鍊的必要性。如果這些鍛鍊是不能令人精神振奮的，那為什麼會有那麼多人把這麼多的時間花在運動上，並稱之為娛樂！

一些人還在年輕的時候就陷入罪惡的泥潭，犯下不可饒恕的錯誤，從而毀了自己，產生了深深的自責。這並不是我們這種受過教育的大多數人的歷史，但罪惡總是徘徊在我們的門前，罪惡使年輕人在他們的人生旅途中浪費了很多時間。整個晚上都在閒聊吸菸中度過，看上去是很短的一段時間，但是當生命終結的時候，我們會懊悔我們浪費了多少個晚上！學生們是如此揮霍時間，人們對他們的行為感到驚訝。他們對別的東西也是如此揮霍嗎？

總而言之，我認為你的時間既不應該白白浪費掉，也不應該用投機取巧的方法掩蓋你浪費時間的事實，沒有人希望你透過每天的祈禱來幫助你改善時間的利用。傍晚來臨時，你要學著對這一整天進行回憶，哪些地方沒有盡到職責，這一天你都做了些什麼，漏做了什麼，良心告訴你應該做些什麼。有多少人，當他們躺在死亡的床上時，他們會陷入深深的自責中，這是用語言難以表達的！據說，一位臨死前的皇

后哭著說：「一寸光陰一寸金！」她浪費了多少寸光陰？聲嘶力竭的呼喊已經太遲了。一個人在臨死前說：「哦，讓時間倒轉吧！如果你能讓時間倒轉，我就有了希望。」但是時間已經一去不復返了！

第八章　生活的節奏

第八章　生活的節奏

在《傳道書》[50] 第三章有一些建議的詩句是關於這次談話的主題。在自然界和生活中它們說明了某種平衡或節奏。

> 任何事物都有其相應的季節；每個時期都有其相應的目標。
>
> 要出生的時期，要死亡的時期；要種植的時期，要收割的時期。
>
> 什麼時候要哭，什麼時候要笑，什麼時候要哀悼，什麼時候要去跳舞。

作者使用這類語言不是為了說明生活的韻律，而是為了說明他的生活節奏是多麼的單調。與其說他不喜歡自然與人類處處和諧，不如說他對自然與人類的單調和缺少新鮮的事物感到悲哀。類似的事情不斷的在上演，太陽早上升起晚上落下，同樣的過程將會在每個次日永無止境的重複著。所有的河流最終都流入海洋，但是海洋永不會被灌滿。「對於這些

---

50 《傳道書》（*the Book of Ecclesiastes*），舊約聖經詩歌智慧書的第四卷，為大多數基督教派系承認。經文成書於西元前 1000 年。作者自稱為：「在耶路撒冷作王、大衛的兒子」（即所羅門），討論生命的意義及最佳生活方式。他宣稱人類所有活動都是內在的 hevel，即「虛空」、「無用」、「捕風」，無論智慧愚拙，人固有一死。傳道人明確表示智慧是有助於過好塵世人生。在不知不覺中，人應該享受每日簡單的快樂，如吃喝勞作，這都是上帝的恩典。《傳道書》深深影響了西方文學。一些名言與英美文化共鳴，亞伯拉罕‧林肯在西元 1862 年國會致詞時參考。美國小說家湯瑪斯‧伍爾夫（Thomas Wolfe）也對其大加讚賞。

事情，過去是什麼樣的，將來也不會改變。」人類的出生，笑聲和勞動，哭泣，並且當他短暫的生命已經結束，死亡。這也將變成重複又重複的歷史。在陽光下沒有什麼事是新奇的。

這本書是寫在希伯來歷史中受壓迫，動亂四起的最黑暗的時刻，這是一本悲哀的書。這本書的作者是一個嚴肅而且思想真摯的男人，他透過崇高的努力為自己和他的種族找到了光明，但是世界依然是黑暗的。然而，他有一個勇敢和虔誠的靈魂，他的書充滿了刺激性，應該有更多的人來閱讀這本書。

對於以上我所列舉的，大家可能會有不同的想法。我更傾向於其中的一種說法，即在日常生活中沒有什麼新奇的，這是事實，我們不需要任何新穎的事情。對於那些曾經一直在發生的事情，都是我們所需要的，並且是我們應該需要的。如春種秋收、日夜交替、工作休息。這些偉大而必須的事物有規律的不斷重複。從自然中我們能學到一些東西來讓我們的生活變得更美好嗎？我認為是可以的。

你是否曾經思考過自然界的規律？這裡並不單調，而是充滿了美好的變化。就像陽光是神聖的，但是永恆的白日會像黑夜一樣糟糕。我們疲憊的眼睛是多麼渴望靜謐安詳的黑暗啊！我們喜歡春天，喜歡溫暖的日子和所有綠色的東西，

第八章　生活的節奏

但是無論我們多麼喜愛春天，春日過後，總要迎來冰天雪地、萬物肅殺的寒冬。

沒有什麼比我們的身體更能詮釋自然的旋律了，這些精妙的身體只有部分受我們控制，更多的遵循自然的規律。這樣的例子很多，如睡眠狀態和清醒時分、肌肉的收縮、呼吸時空氣的吸入和呼出。在所有身體活動中最重要的就是心臟的收縮，自然給予這個器官運作的規律，彷彿當它遇到問題時，人本身也無法控制。幸運的是，它們和我們一起決定何時該工作，何時休息，那些熱情的、雄心勃勃的心會戰勝死亡，從而開始了新生活。

沒有什麼能像愛默生的文章〈彌補〉（*Compensation*）那樣更好的呈現自然的此消彼長。

> 此消彼長的現象在自然界中普遍存在，例如黑暗與光明的交替，冷熱之間熱量傳遞，潮水的漲落，兩性之間的吸引，在生物的新陳代謝過程中，在心臟的收縮中，在水流的起伏跌宕中，在地球的離心、向心力中，在電流變化、化學反應中。如果南方吸引了你，你就會討厭北方。如果此處無人，彼處便會擁擠。

自然界能告訴我們如何能把生活建設得更加完美？首先，要了解我們和朋友之間的關係。離開朋友而獨居的隱士，他的目的可能是要親近大自然，但是他沒有遵循自然的

定律。人是社會中的人，在其全面發展的過程中，離不開和他人的交流。沒有人能夠脫離朋友、親人之後活得很好。

另一方面，過多的和他人互動也會帶來一些弊端。華茲渥斯[51]在他的文章中充分說明了了這一點：

我們的世界太富饒，

遲早有一天，

我們的吸取和支出會損毀我們的元氣。

自然界屬於我們的微乎其微，

我們背叛了自己的良心，

為了骯髒的利益。

從自然的生活節奏中我們了解到，我們不僅需要社交也需要孤獨。如何適當的調節兩者的關係是我們每個人面臨的問題。你是否因沒人陪伴而煩惱過？如果你認為自己是一個毫無生趣的夥伴，又怎麼讓別人覺得你有趣？如果你自身不具備讓生活充滿生趣的素養，沒有什麼生活會永遠幸福。偶爾給自己一個機會反思，捫心自問，充分了解自己，你才會成為他人的一個好夥伴。此外，你更是自己的一個夥伴，因為只有這樣，

---

51 華茲渥斯（William Wordsworth，西元 1770 ～ 1850 年），英國浪漫主義詩人，與雪萊（Shelley）、拜倫（Byron）齊名，代表作有與山繆・泰勒・柯勒律治（Samuel Taylor Coleridge）合著的《抒情歌謠集》（*Lyrical Ballads*）、長詩《序曲》（*Prelude*）、《漫遊》（*Excursion*）。曾當上桂冠詩人，湖畔詩人之一，文藝復興以來最重要的英語詩人之一。

第八章　生活的節奏

你的內心世界才會得到發展。我曾聽到過一位印度的佛教神父講過他們國家的一個習俗，在他們國家，要求家裡的每個孩子晚上獨自在房間裡待上一個小時思考。這每天的一個小時對於激發孩子的獨立思考能力和創新能力大有裨益。

然而，我們之中有些人卻要竭盡全力去培養和別人融洽交流的能力。如果你和他人關係生疏，如果你和偶遇的人接觸不自在，發現很難和他人建立友好的關係，那麼應該認真改正這個缺點，如果這些情況得不到改善，必然會導致孤獨的境地。

沒有行動的思想就是空想。沒有反思的行動就是對事物缺少智慧的思考。耶穌，經過一天積極的禮拜之後，通常要上山尋找孤獨，在那裡他會找到第二天工作的動力。因此，每一週，在我們繁忙緊湊的工作之後，都會有一天休息和放鬆的時間。在休息日，我們要盡量排除各種會威脅我們休息的因素，因為這些威脅會使休息日和工作日一樣繁忙和勞累。生活的節奏要求休息日要休息，要思考，要有趣，要遠離繁忙的工作日。有人說，週日應是令人愉快的，是與工作日不同的，是令人開心的。

隨著年齡增長，我們逐漸理解生活有起有落。興奮通常是發生在壓抑之後。生活有盈有虧，它不是靜止的。我們要做到勝不驕、敗不餒。當自信心和勇氣退縮的時候，我們要相信自己，盡快重新振作起來。在處於人生低谷之際，我們

應該慎重做出決定。就像莎士比亞（Shakespeare）所說的，「人生的潮水」要自己掌握。

工作和娛樂都是健康生活的重要組成部分。再好的工作，如果不伴隨著娛樂、休息都是會令人厭倦的。很多熱衷於工作的人，最後都被繁重的工作所累到，而如果他們適當的休息，就可能工作得更久。

對於那些不去工作而總是在玩的人來說，玩樂遲早會變得無趣。童年時代以玩耍為主，但當童年過去，在大自然無情的定律面前，不去工作的人注定也沒有機會娛樂。你遊覽過南方冬天的旅遊勝地嗎？如果有的話，你會發現那裡聚集著一群沒有追求、只為享樂的人。世上的工作留給別人去做，他們則過著一種蝴蝶般的生活。可是令人奇怪的是，他們的臉上卻帶著不滿足的表情。他們到處尋找幸福，但卻連一個頭腦清晰能給他們建議的人都找不到。原因其實很簡單。那些拒絕承擔工作的人，也必然會排斥在享樂的圈子以外。自然界會驗證它的定律的權威性。

那些瘋狂玩樂的人，也未必會比工作的人更加快樂。自嘲、期待、企盼是另一種方式的愉悅。著名作家查爾斯·蘭姆 [52] 在他的散文中，提到了他和他的妹妹至真至純的快樂，

---

[52] 查爾斯·蘭姆（Charles Lamb，西元 1775 ～ 1834 年），英國散文家、作家。

第八章　生活的節奏

當時他們雜事很多，而且收入微薄，他們沒有錢去看電影，那些最差的座位就能滿足他們的要求，而且他們看起來是那些觀眾裡面最開心的人。如果這樣的美妙日子能夠重新回來，他願意將我所有的財富埋沒。

將生活的全部都給予社會生活的女人是體會不到這種幸福和快樂的。但是如果讓她們在工作之餘做一些真正值得的事，如相夫教子、寫書、在社群做義工，這些社交成就會給予她們輕鬆和愉快的心情。而一個能夠在學習時刻苦用功，並因為完成任務而激動不已的學生，也會在運動場上釋放最大熱情，得到最多的愉悅。

在我們的國家中，有更多沒有足夠時間休息和娛樂的工人。工作確實是令人愉悅的，但我們也不能花費太多的時間在工作上。有些時候我們過於誇大了自己的重要性。我們認為如果我們停止了工作，一切就都停止不前了。沒有哪一代比我們這一代更能感受到生活的緊張節奏了。每天，除了固定要做的工作以外，我們還有各式各樣的額外工作。委員會會議和其他各式各樣的服務占用了我們太多的時間。每晚入睡我們都會受到沒有完成的工作的折磨。我們明白只有個人效率高，團隊效率才會高的真理，但是我們不知道如何長時間的保證高效率。真正效率高的人，他們會盡可能的一貫保證高效率。

然而現實生活中充滿了挑戰。如果你是很能幹的人，被分配去做很多工作，你是否會感到難過？不要難過！你應該知道，最可憐的是那些沒有工作而不得不努力尋找工作的人。

　　在工作中，真正的問題在於很多人不會有效的工作。沒有一個人能夠承擔超負荷的工作量卻不以極大的傷害為代價的。我們所期盼的最好的狀態就是在勞動與休息，工作與玩樂之間有一個很好的平衡。有些工作本身就是一種玩樂，它要求各種腦力活動的參與。有些學者累傷了雙眼去研究一個問題，其結果顛覆了他的本意。許多商人夜以繼日的工作，直到工作已經談不上效率而不得不告罄。

　　有些人給出了如下的幸福公式：工作、娛樂、學習、大笑，和自己的愛好。娛樂需要被看作是生活不可或缺的一部分。如果沒有娛樂，生活只完成了一半。

　　作為一個聰明的學生，即使學業繁重，也會保持學習和玩樂、社交和獨處的平衡。除非他身體非常不好，否則不會到期末時健康狀況欠佳。因為他的體能平時沒有透支，他的未來便沒有負債。

　　每一天的工作和學習應該得到很好的平衡，使得每一天的能量支出與能量需求成正比。 但是對於老師和學生來說，學校生活包括大量的腦力勞動，我們應該比那些產業工人更

第八章　生活的節奏

加留意自己的壓力不要超負荷。沒有多少師生能夠忍受一年50 週的工作和學習，這就是為什麼會有假期的原因。假期到來的意義和目的，就是為了以自然規律為基礎，調整自己的身心，使身心平衡。我們要與這些規律主動配合。有些人並不理會，不按照自然規律調整自己的身心，回家只休息三週，然後就都沉浸在了社交的花天酒地中。那麼問問自己，你調節自己身心的方式是否能保證你返回到工作崗位之時能夠恢復體力。我們休息是為了更好的工作，這就是假期的意義，我們應該好好的利用它，而不是荒廢它。

有些學生在放假的同時也把在校期間的壓力和緊張帶回了家，他們夜不能寐，心裡還想著學校的功課是否能完成。不要為明天的事情擔憂，明天的好壞與否就讓其自己去承擔吧。

當假期到來的時候，我想知道一個年輕的學生是否會將其全部用於玩樂。對於我們年長的人來說，當有重要的事情要做的時候，我們在假期中幾乎難以全身心放鬆休息。原因就在於我們在短暫的假期中有太多重要的任務要完成。對於學生來說，這其中有一個中間地段，介於休閒的假期和繁忙的學校生活之間。別忘了更換一份工作也是休息的一種。如果你的暑假是在學習一些與學校課程完全不一樣的東西中度過的，那麼這時的休息和娛樂就能夠彼此相得益彰，互相提升。

你有沒有受到這樣一種情況的困擾，即假期即將結束時，工作學習的熱情不如假期伊始時高漲了。請不要為此困擾。就在假期接近尾聲我們又倏忽回到原來緊張的生活時，我甚至懷疑是否有過這個假期。我們在假期中總是試圖做一些與我們平時所做的完全不同的事情。而做的事情越不同，我們的心智就越難回到正常的軌道上來。

　　當我們假日後振作精神重新回到正常的工作軌道上來時，其中的震撼是很大的。此時有機會重新開始，糾正以前的錯誤、展望更好的未來。隨著時間一週週在我們眼前攤開，也帶來無數的機會。從下一次假期開始，在心中樹立一個堅定的信念和目標，那麼當假期結束後，所有的新氣象都是屬於你的。因為假期的重要目的之一就是恢復生活的節奏。

第九章　困境的功效

第九章　困境的功效

接受每次拒絕就使地球的平坦變得崎嶇，

每絲刺痛喊出的既不是屈服也不是忍受，而是前進！

　　你可能讀過白朗寧的這些文字，但你並一定不相信它們。你說，世上一定有困境的存在。一定有冷落、傷痛和艱辛，忍受它們的痛苦無法言說，為什麼要假裝在這其中發現樂趣呢？

　　為什麼要與青少年談論困境呢？心中充滿希望與快樂是好事，然而，忽略了其他因素和生活的灰暗，便不利於擺脫困境了。人生處於逆境的問題，打從世界誕生之時就存在；既然沒有人能夠逃避，那我們就要做好迎接它的準備。年輕人在嚴肅課題上的興趣，不比他們的長輩少。他們關心生活的深層事物，並渴望了解它。

　　事實上，如果一個人很年輕，他必定沒有艱難的工作經驗，沒有沮喪，掙扎或悲傷過。有時，困境是大家都有目共睹的，有時候你覺得困境只是別人的事。「辛酸只有心知道。」如果你從來沒有被要求獨自走出深淵過，那麼當有一天，你深愛的人們被要求這樣做時，你不得不站在一邊忍受著同情的折磨。

　　此外，年輕人有自己的沮喪，有自己需要承擔的悲哀和憂患，而那些年長的人是猜不透他們的心思的。你相信世間都是美好的嗎？當你發現這是一個極其糟糕又極其美好的世

界時，你受到過源自敏感靈魂的震撼嗎？當有如此多的痛苦、磨難和罪惡時，你還堅信上帝怎麼能在天堂管理好世界？這些問題需要很長時間去想清楚，有些人的解答是「歲月促成哲學思想」。對有些人來說，這些問題是無關緊要。

你對自己信任的人失去過信心嗎？並且因此掙扎，唯恐失去對人性信心嗎？還是你根本就是不相信自己？儘管熱情真摯的渴望對世界有益處，但是你處在一切不確定的情況下，有什麼地方可能容納你？所有這些困惑，常常轉變為信仰危機。如果一個人相信任何事，人們就不知道應該相信他還是懷疑他。在對現實生活的適應過程中，許多年輕人經歷了比讓他們「說不」更嚴肅的考驗，卡萊爾[53]描述過，許多兒時的愛好與信念隨著年齡的增長而消失，而成熟的男子氣概或女性氣質尚未成型，靈魂似乎沒有定位。我們很少重視年輕時的經驗，無論嚴肅的亦或是神聖的。這些經驗被漠視的原因之一是，年輕時缺乏遠見。所以沒有留下當時的記憶。事實證明，即使在我們 20 歲時，生活也不是永遠充滿陽光的！但是，這些年輕時的經驗，如果存在於記憶中的話，我們將從中學習到經驗，形成更真實，更深刻的自我認知，並

---

53 卡萊爾（Thomas Carlyle，西元 1795 ～ 1881 年），蘇格蘭評論、諷刺作家、歷史學家。他的作品在維多利亞時代甚具影響力。代表作：《英雄與英雄崇拜》、《法國革命史》、《衣裳哲學》、《過去與現在》等。西元 1865 年被任命為愛丁堡大學校長，出任到西元 1868 年。

第九章 困境的功效

調整行為適應現實。我們學著適應現實世界，在此過程中找到真實的自我，而不是生活在幻想中的自我。

> 我入睡，夢見生活之美；
> 我醒來，發現生命之責任。

在重新調整的過程中涉及兩個事物的協調，清醒時對生命義務的探索和睡夢中對生命之美的協調。

在重新調整的過程中，首先要學習的是，我們沒必要擁有我們想要的一切。一旦認知到這個事實，我們就在追求幸福的途中了。有多少被父母溺愛的孩子，不經歷過一些不愉快的體驗是意識不到這一點的！當生活不再帶來他們想要的一切的時候，這種想法才在他們的思想中初露萌芽！他們可憐、狹隘和自私的想法必須被取而代之。在世上，沒有人總是可以心想事成，沒有人的命運總按照計畫進行，我們最珍愛的事物隨時可能被奪，我們有必要在生命之初形成一個習慣，就是充分利用我們的未來。我們應該意識到，那些我們不歡迎的事情是最真實的，它們表面看起來既艱難又可怕。實際上是變相來幫助我們成長的。正如白朗寧所說，它們是偽裝的朋友。

困境有許多種，當然，其中有些困境是讓人難以承受的。相對來說，艱辛和怠慢可列為最容易承受的。金錢或物

質財產損失並不像起初看起來的那麼嚴重。而悲傷更難以承受。正如莎翁所說，無論生活中遭遇何種程度的逆境，它的頭上很可能戴滿珍貴的寶石。

面對困境人們有以下幾種處理方式。錯誤的一種方式是將困境視為阻礙，埋怨困境，而允許困境破壞我們的生活。我們都見識過在生活中這樣面對困境的人。

忍受困境是另一種面對困境的方式。這無疑會帶來勇氣，但僅僅忍受而不思改變並不能帶來甜頭。這個人不會真正獲得勝利，除非直接面對困境，並積極行動。

有比埋怨困境和忍受困境更好的事情，那就是在我們度過難關之前，駕馭困境，這對我們有益處，正如雅各（Jacob）從天使那裡騙取祝福。我們本能的認為，困難是有限的，我們可從它帶來的勢不可擋的災難中豐富我們的人生。正因如此，我們懂得悲痛的深處有可依賴的力量泉源，以深入的同情涉入他人痛楚的人，天生就飽受痛苦折磨。

你很難想像，一些富裕的家庭突然破產，也會為其中每個成員帶來極大的收穫。兒子，曾過著豪華舒適的生活，轉眼淪落街頭，雖被迫自給自足，卻從而獲得以前一直渴求的男子氣概。女兒，為了家人不得不承擔一些生活的責任，而不僅僅滿足自己的私欲，正是這些造就了她們的堅強與女性氣質。

第九章　困境的功效

　　按理，患有不治之症對任何人來說似乎都是最不幸的。可是為什麼很多殘疾人往往是最樂觀、最平靜、最鼓舞人心的人？在我生命中碰巧認識幾個這樣的人，如果我需要鼓勵就去找他們。受其影響，所有計畫失敗的沮喪，所有苦難和痛苦已經蛻變成性格中的堅強樂觀。如果生活的主要目的是塑造性格，我們何必關心性格形成的途徑？它為我們提供物資，然後你以自己的方式去完成一個有價值的成果。「生命是原材料，」歌德說：「人，即是把它們塑造成美好事物的藝術家。」

　　我認識一個女人，她接連失去了她所有的子女。上帝帶走了她的子女，卻讓其他幸福的母親子女繞膝，按說她應該會變得絕望，哭泣自己的不公平。然而，她卻成了慈善的天使，力所能及的幫助有需要的兒童。她檢驗純淨牛奶的標準，保持更好的衛生環境，打理遊樂場和免費幼兒園等，盡心盡力做好這些工作。毫無疑問，她使與她一樣有著悼念之情的母親停止傷感。她比經歷重大痛楚之前更溫和、更和藹、更有愛心、更無私。除此之外，她的生命對世界而言，可能也比最初更有價值。她將悲痛蛻變成無私的服務。「當苦難磨礪我，我會如真金般不怕火煉。」

　　為什麼苦難會降臨在我們頭上，這個問題一定是個聰明人問出的。自古以來詩人寫了大量描述痛苦的詩。然而，這

些作品沒有探究出上帝為什麼製造困境，儘管他認知到，困境並不是懲罰。他還了解了應對困境應有的態度和忍受困境應具備的精神。這對我們也同樣適用，我們以正確的方式應對困境，要比知道困境為何而來重要得多。你肩負的重負或承擔的痛苦，看起來很沉重嗎？你曾經想反抗它，並且與那些沒有類似苦惱的人相比較嗎？你很清楚，那不值得你展現最好的自我。對你來說，這種困境，不管它會是什麼，它不僅不會破壞你的性格和生活，而且還會豐富二者。也許，這是獲得某些你需要的特質的最佳途徑。透過困境，你承受了考驗。順便說一下，你忍受了困境就決定了你未來的生活。這是你會擁有的一部分，儘管是困境，但是因為它的存在，你比之前更強大了。

　　沒有定律比補償定律更堅不可摧，它幫助我們甘心忍受了很多艱苦的事情。正如愛默生的著名散文 —— 每個嘗試為生命闡明哲學觀的年輕人都應該讀過 —— 其中清楚的說明了這一主題。「對於你失去的一切，你都獲得了其他的事物來補償，而對你獲得的，你一定又失去了什麼。」當你不得不放棄一些珍愛的東西或美好的夢想時，嘗試去發掘你在這個境遇下收穫了什麼吧。

　　也許你渴望成為一名音樂家、藝術家或是學者，或許生活的使命，為履行這一珍貴的夢想製造了障礙。接著你會發

第九章　困境的功效

現，這些磨礪你的自我意識的使命卻成就了你的夢想。「我們不需要像將現實理想化的去認識理想。」沒有什麼比肩負責任更能使年輕人的品格迅速成長的了。當你的朋友可能在音樂或藝術上完善自己，或透過國外旅遊擴展視野時，你正在為他人擔起重擔。難道說對你是損失對她是收穫？事實遠非如此。事實是她獲得了一件事，你獲得了另一件事。透過此事，你發現了令人驚訝的真相。對照你身邊的朋友，你會看到所有的人優點差不多與缺點平衡，而每件事都有好的一面和壞的一面，以致事情絕不如它一開始被安排得那樣不公平。

另一種可以幫助我們適應生活中困難的思想是，隨困難而來的一些損失、失望和悲傷，使我們更珍惜我們擁有的美好。青春是浪費的，沒有意識不到它的價值。對我們而言，似乎沒有什麼是我們意識不到的。補償定律的內容之一是，我們失去得越多，就會越重視餘下的。也許，這是對年長的最大補償。雖然無情的歲月帶走了許多我們曾執著一念的事情，然而，不知何故，我們將餘下的事物給予那麼高的價值，儘管損失不斷增加，而我們仍舊增加了快樂。在寓言書的古老故事中，蘊含著很多這樣實用的思想。

對於哪條路通往幸福和成功，我們是多麼無知！然而，我們確信，至少我們知道摒棄我們走過的錯誤道路。然而，

一種強大的力量一而再、再而三的改變了道路的方向，迫使我們走向不同的崎嶇的道路。隨後，回顧過去，我們往往意識到，生命帶給我們最美好的東西，是在戰勝完美計畫的途中不斷出現的。

第十章　體育鍛鍊

第十章　體育鍛鍊

　　每位同學從一開始就明白，一個學生的希望和前途在很大程度上受其健康狀況的影響。如果身體癱瘓，臥床不起，或受到某種傷害，那麼他的心思將很大程度上用在關心自己的身體狀況上，而無法在學業上獲得進步。如果忽視自己的身體，它可能日漸衰弱，肌肉也不像以前那樣結實；頭腦可能會暫時擁有活力，就像某些燃料燃起的火焰，越來越亮，但過不了多久便熄滅了。

　　你可能更可憐，可能到目前為止在你的事業上只有那麼一點點優勢；但除此之外，憑著勤勉和專注，你絕對有可能發跡。不過，如果沒有了健康，你就什麼都學不到，什麼事都做不了。因為你的頭腦既不能，也不願意完成任何事情。解決這件事吧！不管怎麼說，這取決於你自己，你得擁有聰明的頭腦和健康的身體。

　　事情總是這樣，學生看到知識的田野在他面前展開，無邊無際，一眼望不到盡頭，他會感到青春的活力與靈巧。於是他坐下，翻開書頁，忘情的讀著，終於學有所成，有所造詣。而健康的警報一個接一個的來到，卻未引起他的重視，直到最後，他無法繼續學習。一切都太遲了，因為死亡的種子已經在他的身體裡生根、發芽。

　　一個學生越覺得自己有前途，他的目標就越高；他天才的抱負越強烈，他的危險就越大。很多有才華的人英年早

逝，不是因為他們學習太專注了，而是因為他們不曾關注自己的身體和健康。

毫無疑問，那些只想著學習卻根本不關心自己健康的人，真應該好好調整調整自己了。他們總是以最快的速度完成手頭的事情，顯示自己極高的天分和出眾的才華。但可以肯定的是，這樣的人很快就會越過其成就的頂峰。即使他們不迅速走進墳墓，也會過上身體日漸衰弱、精神萎靡的生活。

學生的健康不可能不受到威脅。人生來愛活動。森林裡遊蕩的獵人，攀爬阿爾卑斯山的冒險家，是強壯、大膽的人，是身體非常健康的人。在風暴中穿梭千百次的船員，是真正吃苦耐勞的人，他們夜以繼日的工作，直到某一天過度工作摧毀了他們強健的身體。任何有積極習慣的人，如果不經常透支自己的體力，都有可能享受健康帶來的快樂。但是，學生們的習慣都很勉強，他們的本質總是受到束縛和限制。

在細心的觀察者眼中，不存在任何一絲疑慮；他們絲毫不懷疑，許多前程似錦的年輕人會陷入預先挖好的墳墓，其原因，是年輕的人總想在很短的時間裡完成那麼多的事。我的意思是，約束和充實頭腦的工作一般是在二十五歲之前完成的，所以，年輕的人們坐下來讀書時，所達到的強度可能會危害他們的健康。

第十章　體育鍛鍊

　　在你訓練自己有規律的、充滿活力的鍛鍊身體的道路
上，總有很多攔路虎。

（一）不要總是考慮體育鍛鍊的必要性

　　不到非吃藥不可的時候，我們一般都不願意吃藥；體育
鍛鍊對於年輕人來說，就像一種依賴性很強的藥物。可能你
現在還年輕，覺得自己充滿活力：胃口很好，體力充沛，非
常健康，神采奕奕。時光總是乘著毛茸茸的翅膀飛翔，在你
身旁飛過。你為什麼要讓自己做體育鍛鍊的奴隸，讓自己養
成每天不得不鍛鍊身體的習慣呢？就像雙腿完好、健步如飛
的時候，非要替自己加上一副沉重的拐杖。但是，你仍然沒
有感覺到自己需要什麼，直到有一天你的健康垮掉，體育鍛
鍊也無法使它恢復。這時你才猛然驚醒，你才開始相信那些
和你一樣站在地面卻不停的鍛鍊自己身體的人的看法，只有
他們才完全了解體育鍛鍊的內涵。他們會告訴你，你無法決
定自己是否應該參加體育鍛鍊；你必須鍛鍊自己的身體，不
然你將放棄的是自己的前途和未來。

（二）你感到缺乏時間進行體育鍛鍊

你學習吃緊，壓力繁重，或者嚴重偏向某些科目，不得不付出更多的努力，以至於根本找不到時間鍛鍊身體。現在，讓我告訴你，你在很重要的一點上誤判了。如果你計劃每天進行適當的有氧運動並嚴格執行，一個月後你會發現：同樣完成和以前一樣的工作，完成同樣強度的學習，要比以往不鍛鍊身體時容易得多。這種變化會讓你驚訝得目瞪口呆。體育鍛鍊帶來的不僅僅是更加強健的體魄，還有學習道路上的輕鬆與舒適。

（三）你對體育鍛鍊不感興趣，也不願參加

學生們可能制定了許多方案，進行規律的體育鍛鍊，並對此興趣盎然。這種系統的「體力勞動」值得高度讚揚，整個體育系統也不過如此。而且我對於後者沒有任何信心，當然，我也不會武斷的反對前者，因為它可能在某些情況下對人有好處。根據個人經驗，與學生們採取的其他體育鍛鍊相比，我更願意選擇散步。巴肯（Bakken）極力主張這是最好的

第十章　體育鍛鍊

鍛鍊，因為它使更多的肌肉參與運動，還不會帶來疼痛感。這種運動模式的優點是「簡單」。戶外，地勢開闊，我們可以自由的呼吸那來自天堂的新鮮空氣，凝視遠處的山巒和谷地，綠樹紅花，還有那些有生命特徵和無生命特徵的事物。那些光線和聲音會使大腦更活躍，使人更加愉快，令人精神煥發。散步的另一個好處是，你可以找個夥伴同行，開心的交談，放鬆大腦，愉悅心情。這很重要，而且只有透過散步才能實現。散步時，雖然，你聽到的聲音是相似的，看到的物體是相似的，但是交談會縮短路途的長度，驅散走路帶來的疲憊。出於以上原因，在大多數情況下，你應該尋找伴你同行的夥伴。將這樣的散步有規律的堅持幾個星期之後，你會對隨之而來的結果驚嘆不已。在不需要學習的時侯，去散散步吧，漫長的路途會幫助你儲備健康，以應不時之需。我曾經認識兩個學生，他們用這種簡單的方法使自己身體健壯、充滿活力，他們身體上的變化也令人瞠目結舌。一年夏天，他們相伴走過了兩百多英里的路程，每次走過的里程不少於五英里。這樣堅持一段時間後，你會覺得自己很熱愛這項運動，根本不用問天氣怎樣，你也會將這項運動堅持下去。

（四）鍛鍊時，不要把自己弄疲憊

　　根本沒有必要去醫生那裡尋找自己稍一動彈就感到體力不支的原因。其實，原因就在你自己身上，你缺少體育鍛鍊。事實不容置疑。你找到要讀的或要研究的書籍，將自己關在房間裡幾個星期不出來。這樣的情況周而復始，直到你想要出去散步、走上幾英里的念頭消失得無影無蹤。然後，一旦有出去走走的想法，你的肌肉、關節、還有整個骨架都會對此望而生畏。剛走了幾步，你的四肢就疼痛起來。你的意願不能實現，你無法讓雙腿繼續前行。隨著時光的流逝，你一次又一次的屈服、放棄，似乎眼前的困難越來越大。那些不願定期鍛鍊身體的人很快就什麼事情都不願意做了。除了持續的體育鍛鍊，沒有什麼能帶來愉悅和健康。你不能三天打漁，兩天晒網，把它當成看報紙一樣的娛樂。要是那樣的話，它將成為你的負擔。許多人只是偶爾做些不合時宜的運動，然後發現運動之後感覺更糟糕。的確，這樣的運動使他們感覺很不舒服，於是他們很明智的得出結論：體育鍛鍊根本不適合他們。他們總想弄明白，那些每天都鍛鍊身體的人的日子是怎麼過的。體育鍛鍊要麼令人愉悅，要麼使人感到痛苦，這與運動的量沒有任何關係，而是與它的規律性有關。大腦的習慣，尤其是身體的習慣，會阻止你享受運動的

樂趣和好處，除非你的運動已經成為一種規律。請記住這一點，因為它可以解釋你為什麼不願意參加體育鍛鍊。

進行體育鍛鍊本來是你的幸福，但必須遵守如下幾條原則：

1. 每天都要進行規律的體育鍛鍊。自然賦予我們飢餓的感覺，於是我們每天都要補充養分，以滿足身體上的消耗。但是，如果不進行適當的體育鍛鍊，我們的身體就不能很好的吸收攝入的食物，消化它們，將它們變成對身體有益的營養。體育鍛鍊應該像一日三餐那樣有規律。只要有雙腳，就不應該有任何藉口逃避鍛鍊，因為雙腳能在短短幾分鐘之內為你帶來世界上最好的體育鍛鍊。

2. 體育鍛鍊應該是愉快的，易於接受的。踏步機能提供規律的強有力的運動，卻令人厭煩、難以忍受。它能為你帶來結實的身體，卻使你的靈魂陷入憂鬱和沮喪。當然，透過體育鍛鍊獲得快樂很重要。散步固然很好，但是如果你散步時非得像磨坊裡的馬那樣，就不好了。你透過體育鍛鍊要得到的是快樂。「不同年齡階段的作家，都在努力詮釋：快樂就存在於我們的內心，而非逗我們開心的事物中。」

3. 體育鍛鍊能使大腦放鬆。哲學教會我們在不幸到來的時候，要麼頑強，要麼悶不作聲。宗教使我們能夠順從的

忍耐，我們的目標是使身體和精神處於愉快的狀態，對未來沒有任何擔心和恐懼。但是，如果我們的大腦總像琴弦一樣緊繃，以上目標是無法實現的。如果我們的頭腦能夠瞬間將學習和焦慮拋到腦後，並形成習慣，那麼我們就得到了一個無價之寶。

很抱歉，我的評論給人一種感覺，即我不贊成人為的努力使學生和職業人士受益。許多知名人士安排活動時非常注意交替性，他們犁一會地，然後在論壇發表滔滔不絕的演說，譴責敵人，再坐下來研習書本。主教們和傑西（Jesse）高貴的兒子都曾是牧師，摩西（Moses）和許多先知也是。保羅是個做帳篷的，同時還是個出色的學者。約翰只是個花園的工人，總是夜裡擔水、澆花，這樣，白天就有時間學習了。學生們都知道，凱撒（Caesar）在營地裡堅持不懈的學習，游泳過河時用一隻手將自己寫的東西托在水面之上。古斯塔夫·瓦薩[54] 曾說過：「好的工人從不明知不可為而為之。」令人深信不疑的一個觀點是，這些人如果不經歷、忍耐身體上的極度疲乏，就不能憑藉自己的智慧出名。

---

54 古斯塔夫·瓦薩（Gustav Vasa，西元 1496 ～ 1560 年），瑞典國王（西元 1523 ～ 1560 年在位）原名古斯塔夫·埃里克松（Gustav Eriksson），其子埃里克十四世追尊他為古斯塔夫一世（Gustav I），瓦薩王朝的創建者。成為國王前，他曾在西元 1521 年反抗統治瑞典兼丹麥國王克利斯蒂安二世的起義中被選為攝政。

請允許我說一句，如果學生不將鍛鍊堅持到底，那麼他是在用不公正的眼光看待自己、他的朋友和周圍的世界，體育鍛鍊有如下原因：

☐ **你的生命可能因體育鍛鍊而延長**：偉大的造物主塑造了我們的身體，若沒有適當的體育鍛鍊，它便無法忍受自身和周圍的狹隘；而我們的頭腦無時無刻不在燃燒、消耗自己的體力和能量。

☐ **你將享受運動帶來的美好感覺**：這句話適用於那些每天都鍛鍊身體並堅持到底的人。任何擁有這種習慣的人都能給出大量的、具有決定性的證據證明這一點。

☐ **你將增加別人的快樂**：令人愉快的夥伴是一筆財富，體育鍛鍊使你們都感到愉快。

☐ **體育鍛鍊會增強你的腦力**：如果你想培養一種病態的、拙劣的品味，就得時不時的弄出一些淒美的詩的意象和哀婉的心緒，像小精靈一樣文雅的捧出那種情感的精髓，嬌嫩的在這物質的世界上一碰即碎；有時又應表現得十分飄逸，除了具有類似品味的人，沒有誰能夠欣賞、回味；你還須將自己關在屋子裡，直到多年以後，只剩下思維還能活動，整個世界在你眼前飄過時，感覺起來就像夢境一樣。如果你希望自己的頭腦能夠無畏的向低處俯衝，在高處翱翔，捕捉並擁有強壯的音符，在

堅決、果斷的人中間遊走、處事，像個真正的男子漢一樣實現自己的目標，那麼你一定要每天堅持體育鍛鍊。

「我們由兩方面組成，兩個完全不同的方面。一方面消極、被動，根本不能指引方向；另一方面則是一個積極的、活躍的方面。當我們身體健康、體力充沛時，我們的大腦受到身體的鼎力支持，能夠更緊張、更長時間的工作；於是，我們的理解力更強，我們的想像更豐富，我們思考的範圍更大，我們更嚴格的審視自己的感知，進行更具體的比較。這意味著，我們能夠形成對事物更真實的判斷，能夠更有效的避免不當的教育、情感、習俗等引起的錯誤，能夠對什麼最適合我們、什麼能為我們帶來最大的利益有更清晰的看法，有助於我們邁著更堅毅的步伐實現我們的追求，以更大的決心和信念堅持到底。」

第十一章　學院精神

第十一章　學院精神

　　我們的教育機構裡存在著眾多強大的力量，這些力量可以塑造年輕人的品德和修行。而其中最具效力的無疑是那個無法定義、無形的卻具有強大力量的「學院精神」或「學校精神」。學生們常常會在說法上犯錯誤，儘管表達上欠佳，但表述為「精神」是對的。學院精神經常表現為一種學生無私的態度。會讓人聽到某種超越自己的東西的召喚。

　　儘管學院精神可能僅僅是一種感情，但正是它給予了一個美好校園生活以最深層次和最豐富的內涵。在學生的生命中，它是一個無法從頭再來、無法忘卻的時代。它不僅是珍貴校園生涯快樂的泉源，更是激發自己奮勇進取的泉源。

　　雖然很多走讀的學校也具有濃厚的學院精神，但只有在那些學生能過上一種團體生活的學校或大學，才能將這種精神發揮到極致。在這樣的學校裡面，學生們生活在團體之中，遠離家園、那些容易讓他們彼此分開的生活。這樣的團體所培養出來的親密無間為建立深厚的學校精神打下了完備而扎實的基礎。

　　學校的許多活動把學生團體的每名成員聚集到一起。如遊戲、體育運動、嬉戲等，這些都需要大家共同參加。學業，要在同樣的條件下完成。所有的這一切都繼承了學院的優良傳統，並且把理想建立在所有人的共同生活之上。而且這些東西往往會消除分歧，營造民主。總之，它們成為學院

精神的塑造者。

　　團體生活和個人生活是不一樣的。團體中的成員相互依賴，互利合作。在環境相似的情況下往往會有不同團體的衝動，情感，言行舉止都不盡相同。每個靈魂深處都點著一團火，這火焰在生命與生命的交融下越燒越旺。這種本性與本性潛移默化的影響時好時壞。具有傷害性的影響發展到極致就被稱為「暴徒精神」或「暴徒法則」。

　　就在你們聚在一起受到周圍朋友影響的時候，並且在相同的傳統和理想的鞭策之下，你們會創造出前所未有的強大的影響力，而正是這種強大的力量正在你們每個人身上發揮著重要的作用。這是在性格成長中最重要的因素，尤其在性格形成的時期。如果你曾打算實現自己價值，你應該呼吸純淨而健康的社會空氣和感受到良好的社會影響。然後，你應該問自己，在這個你每天都生活的社會中，你要收穫什麼？你要為它做出什麼樣的貢獻呢？

　　我曾經站在英國伊頓公學[55]的教堂裡，注意到牆上掛著的油畫和牌匾，上面布滿了成百上千的燙金的人名。這些人都是伊頓公學的畢業生，他們畢業多年後曾經為學院帶來特殊榮譽。我仔細觀察到，有一個家族的名字反反覆覆出現好

---

55 伊頓公學（Eton College），坐落在英國溫莎小鎮，泰晤士河邊。曾是英國最有名的男校之一。

多次。我還聽說這些名字現在依然顯赫的出現在學校的光榮榜上。我不禁自問，一個年輕人怎樣才能進入伊頓求學並獲此殊榮呢？這正是他的家人，學校及他的國家的期盼。大概其中的一個原因是：他通常是最優秀的，而且同一個家族世世代代都是英才輩出。我也在想，一定有那麼一種激勵的力量存在於這輝煌的擁有五百年歷史的學院之中，它激發著年輕人去進取，去到奮鬥的巔峰。他們以伊頓公學為榮，伊頓公學也以他們為榮。

在這個國度裡，沒有哪一個學院能像伊頓公學那樣悠久而古老。儘管其他的知名學校都有其優良傳統。高尚的生命中那些發自內心的服務意識塑造了這些優良傳統。在所有這樣的學校之中，有人可能會說他們的兒女是如此愛他們的母校，以至於他們生命的主要目標是為母校增光添色。只有受到了這樣動機所觸動的學子們才能獲得真正的學院精神。這些學子渴望為他們的母校留下真正的價值烙印。

我設想只有將學院精神與體育運動相結合的時候，這種精神才能展現得淋漓盡致，才最具說服力，而且，在校內活動中，體育運動將這種精神達到了頂峰水準。某些學院的權威人士坦誠的說，儘管體育活動干擾了正常且嚴謹的教學工作，而且還會帶來其他不利因素，但是因為它們經常會培養學生們的學院精神和其對學校的忠誠，所以他們允許展開這

樣的活動和比賽。體育競賽是有好處的，因為它訓練學生們去聽從指揮，學會自己控制，提高警惕性及培養堅持不懈的意志。個人有時會為了集體利益而捨棄自己的利益，這樣就塑造了高尚的人格且培養了良好公民意識。與所有的普通對抗賽相比，我們不能低估在一場接力賽中運動員所表現出的極大的熱情的價值。當這種競爭成為一種良好的風氣，當選手們都遵循公平競賽的每條規則的時候，這種影響力是全方位的。

然而在比賽中為整個隊伍大聲歡呼加油的人並不僅僅是學生們，他們的家長、朋友才是真正的主角，家長們和朋友們才是在公共場合最能受到學校精神感染的人。除了學生們對學校有著發自內心的忠誠外，他們的家長朋友們更是學校忠實的追隨者。有一種比慷慨精神更為強大的忠誠讓他們盡情的享受勝利所帶來的快樂。一個人的學校應該僅代表正義，這是它的願望。一個學校應該受到尊敬；而且，它理應值得尊敬。

任何一所學校都是一個教育機構，這是一個不爭的事實，而且這一點至關重要。學校要麼名副其實，要麼關門停辦。如果一個學校在教育方面不成功，那麼它在其他事情中的成功何在呢？沒有人因為一個學校入學門檻低而感到榮耀，在這樣的學校裡，任何人都可以留下來讀書學習，學生

第十一章　學院精神

們不可能去考慮自己的學業成績。學生們並不重視自己的學業，同時他們也不會去想能否學有所得。他們認為這種事情完全屬於個人，並相信只有他們才是受罪的人。可事實並非如此，鬆散而冷漠的學習狀態正在降低學校的辦學水準。由此你對學校產生不信任，你的舉動舉止可以說明你不再關心你的學校是否受人尊重。這表示你對這個身為其中一員的團體根本沒有罪惡感了。這意味著學校最需要的精神在實施過程中的失敗。在那些激動人心的場合下，我們可以為學校歡呼，歌唱，但是在你的內心中，學校更需要具有哪種精神呢？

任何一所學校都應該時刻保持自己的教學水準，同樣的準則也可以應用於其他事宜。你的著裝、你的言談舉止、你的行為都透露出你的學校的品格，你是學校的產品，世人會無休止的追問，究竟是什麼東西在學校內一直延續或者它的影響究竟是什麼？世人可以憑藉它的產品來衡量一個學校。如果你想讓你的學校得到尊重，你應該在任何時候、任何地方都真真切切的將學校精神展現出來。

你去上學是為了獲取知識，但是如果你把獲取知識當成你想要的一切那就有點遺憾了。那些離校多年的年輕人，有時可能會聊起一所大學教育的優勢。一個會向另一個說：「回想起你的大學生活，你認為在大學生活中獲得的最寶貴的東

西是什麼呢？」「激勵。」他可能會不加思索的回答。在這一點上他們達成了共識。

　　與大學時代相比，校園時光更像是生活的前奏曲。在那時候，學生會更容易受到強烈的影響。那個學校讓你做出了你在這個世界上應該去做的而且值得做的決定，那所學校喚起你心中最好的自我，並且燃起為了崇高的理想和目標而全身心投入的烈焰，學校所給予你的這些你永遠不會忘記。

　　當學生們離開學校的時候，他們很少會明白自己留給學校什麼東西。你所留下的東西與校園生活交織在一起。正如丁尼生在〈尤利西斯〉所說：「我是我所遇到的事情的一部分。如同在你的身上所展現的成千上百的人對你的影響一樣。因此其他人正背負著並且將來也會繼續承載著你的影響痕跡。」

　　去做一個優秀學校的有價值的一員，那將是你的一個強大優勢，這種優勢地位正如它所顯示的一樣蓬勃發展，會激勵你發揮到最好，這種刺激是用其他方式得不到的。這是一個顯著的榮譽，它保持和加強了你的名副其實的本質。如果你擁有良好的學校精神，你可以義無反顧的將你的強大的影響注入到一項偉大的事業中去，去把你的學校建設成為讓未來的學生學會如何滿足和承擔生活中的責任和義務的地方。這種能夠讓成長變得輕鬆的氛圍只有靠真正的人格和生命與生命之間的感悟才能營造出來。

第十二章　隨遇而安

第十二章　隨遇而安

　　我曾經注意過很多看似漫不經心的人其實是幸運的寵兒，他們不必過多擔心的一些表面上很嚴重的事情，他們不必將小事情擴大化，從而失去生活本身的樂趣。世間大部分的男男女女厭惡命運，這種不滿來源於某些被剝奪了的既定利益。要是沒有這樣或者那樣的不利條件，他們的生活將會幸福和成功。如果某個人擁有世界上一小部分的財富，如果他真得到財富的青睞的話，他就總會思考自己擁有了什麼或者自己可以做些什麼。他忘記了去感激健康，感激家人、朋友和一連串幸運。在他的內心深處有著一種信念，即財富是他幸福的泉源，儘管他也知道財富不一定會為人帶來幸福。所以他經常感到不滿，總是抱怨生活品質也很差。

　　還有另外一種情形，沒有健康的身體和充沛的精力無疑是造成不滿的原因。這樣的人忘記了世界上大部分最優秀的成就是由那些身體脆弱的人完成的，像達爾文[56]、赫伯特·史賓塞[57]。還有人不快樂是因為他生活的環境裡缺少優勢和

---

56 達爾文（Charles Robert Darwin，西元 1809 ～ 1882 年），英國博物學家、生物學家，達爾文早期因為地質學研究而著名，而後又提出科學證據，證明所有生物物種是由少數共同祖先，經過長時間的自然選擇過程後演化而成。到了西元 1830 年代，達爾文的理論成為對演化機制的主要詮釋，並成為現代演化思想的基礎，在科學上可對生物多樣性進行一致且合理的解釋，是現今生物學的基石。

57 赫伯特·史賓塞（Herbert Spencer，西元 1820 ～ 1903 年），英國哲學家、社會達爾文主義之父，他提出將「適者生存」應用在社會學，尤其是教育及階級鬥爭。但是，他的著作對很多課題都有貢獻，包括規

機遇。他堅信要是老天沒有無情的剝奪了他成功的機會的話，他一定會成為藝術家、音樂家或學者的。然而我們看到，很多的在各個領域獲得成功的人士，儘管面臨著在外人看來難以克服的艱難險阻，但還是獲得了極大的成功。

　　一些女人沒有成功是因為她們自認為沒有得到應得的社會地位；另外一些渴望奢侈和安逸生活的女人卻否認這些。在生活中很多女人願意放棄整日的無所事事，渴望去找些事情做。就工作而言，似乎世界上一半的勞動者在羨慕另一半從事特殊職業的人。每個人都能看到別人的優勢而看不到劣勢。靠體力吃飯的人妒忌那些商人和技工，總是假想別人的工作十分安逸並且收穫很大。然而那些商人和技工也經常會羨慕這些體力勞動者，因為他們無須太用心，生活很簡單。因此每個人都只是看到自己工作不利的一面，內心全是不滿，對於鄰居只是抱怨。卻很少有人願意承認這種不滿情緒的原因其實在於我們自己。

　　生活中，有些不滿是對的。這種不滿來源於我們天生的渴望。能感受到這種神聖的不滿的人會知道他的生活原來應該的樣子。他下決心盡可能在將來彌補過去的不足和不滿。他會用惠蒂埃[58]的話來激勵自己：我知道我得到的有多麼少，

範、形而上學、宗教、政治、修辭、生物和心理學等等。

58　惠蒂埃（John Greenleaf Whittier，西元 1807 ～ 1892 年），美國貴格會詩

第十二章　隨遇而安

我知道我沒得到的有多麼多。如果我們曾經滿足於我們所得到的，這只能意味著我們的成功標準過低。

有人曾經說過：「一個人應該永遠不要相信自己已經獲得成功了，而是應該相信自己將來會成功。」

對自己的所得不滿，還是對環境不滿完全是兩碼事。我們可以改變它或者不去改變它。如果我們有能力去改變而不去改變，那麼責任就在於我們自己。而生活中必須屈從不利的環境，這又該怎樣面對呢？簡言之，如果你不能擁有你喜歡的東西，就應該試著喜歡上你現在所擁有的。你應該堅信不利的環境不會擁有大到足以打敗你的力量，以致毀滅你的生活。去掌控環境，而不要讓環境控制你。去掌控環境並不意味著你去改變它。有時候我們僅僅需要改變對它們的態度，如此一來，這樣這些不利環境不是弱點，反而會成為優勢之源。一個明智並且積極向上的人，做得更多的事情是去改變他的生活環境，然而在每個人的生活中總會有某些事情是不能夠改變。我們對待這些事情的態度正是對我們品格的真正的考驗。

更確定的事情是，如果你想在有生之年成就任何事情，必須利用你現在擁有的優勢，而不是用奢求那些更好的但不屬於你的優勢，如果你曾有過這樣或者那樣的機會，不要空

人、廢奴主義者，代表作：《大雪封門》等。

說怎樣去做。你所得到的機會將會考驗你對機會的掌握。

太多的女孩大學畢業後會回到家裡，過著不穩定、不滿足的生活。有人說大學應該對此負責。但是這麼說並不公正。這種困難除了和女孩本身有關，更多的是那些對她寄予厚望的家人、朋友造成的。更為經常的是，一個積極、有抱負的女孩迫於壓力將自己的生活定為無用。大學時代的啟迪對她的影響很深遠且強烈。她的情感、思想和靈魂的力量被喚醒。她擁有寬廣的視角，這個貧瘠的世界需要被深深的植入她的心田。她想透過自身的努力使世界變得更美好。僅僅作為無用的花瓶在家中擺設並不能滿足她的欲望。對從業強烈排斥的做法也屢見不鮮。她在比較閒散的生活中感到快樂，而缺少發自內心的要對某些實物負責的欲望。那些沒有找到人生座標的且受過高等教育的婦女，她們的種種不滿也是緣於此。

然而這種不滿的真正原因在於女性相對較差的環境適應能力。很多女性大學畢業後，懷揣著一份在世上尋找有用武之地的夢想，卻發現由於家庭所累不得不足不出戶，待在家裡無所事事。她甚至不得不住在一個脫離興趣且一成不變的環境中，沒有動力刺激，沒有性情相投的夥伴。某個時候你發現自己正好處於這個狀態。對此你能做什麼呢？你會選擇一種不僅讓你變得更悲慘而且將你的生命變得渺小的生活方式嗎？或者你足夠勇敢去追求自己的道路，將你的人生放大

和美化，造福於他人。如果你不知道自己要做什麼，就想想愛麗絲・弗里曼・帕爾默 [59] 在那種 —— 渺茫的機會和缺乏鼓舞人心的力量 —— 惡劣的環境下會怎麼做。這樣一來，你就知道答案了。像她這樣一個具有偉大精神的人將會創造出一個自己的天地並且具有使整個沙漠開滿玫瑰花的能力。她在最艱苦的情況下看到了可能。她在最無聊的環境中找到了可以做的事 —— 只要有社會的地方就會有事情做 —— 將小孩子引領到正確的人生道路之上，只要有城市、城鎮或者是鄉村，就去尋找改良社會的工作。

你的生活是否被某種責任所限制，這種責任是你不能明哲保身，而且不能逃避？你渴望自由嗎？渴望以自己的意願來決定自己的命運嗎？如果你能夠追尋著自己選擇的道路前行，你將會如魚得水。有這種渴望並不意味著你與眾不同。讓我們服從於我們身上所承載的束縛會很困難。那些你最羨慕的人，可能會羨慕另外一些沒有特別束縛的人。他們之中有人會羨慕你。我們早就該從中領悟到：生活中的束縛經常會引領我們通向更廣闊的天地。由於我們在這些束縛下勞

---

59 愛麗絲・弗里曼・帕爾默（Alice Freeman Palmer，西元 1855 ～ 1902 年），美國教育家。曾任美國衛斯理學院院長和芝加哥大學初創時期的女性委員會主任。後出任美國女大學人協會會長。極力宣導女性接受高等教育，因教育的貢獻，逝世後，被選入位於紐約的美國名人群像堂。

動，我們時時刻刻都發現自己沉浸在自憐的狀態中，想起那些豐功偉績的人物，儘管束縛更加嚴重，或許正是因為這些束縛，他們才獲得了權勢。林肯接受的教育很少；達爾文自己身體殘疾，卻畢生從事研究工作；海倫‧凱勒[60]無法用視覺和聽覺感知世界，卻卓有成就，讓大多數正常人汗顏。露意莎‧奧爾柯特[61]為了他所愛的人忍受艱難困苦和孤獨寂寞，寫下了讓人百讀不厭的故事。伊莉莎白‧巴雷特‧白朗寧[62]用歌聲讓世人感受她的疾苦。歷史上有太多這樣的榜樣，過

---

60 海倫‧凱勒（Helen Keller，西元 1880 ～ 1968 年），19 世紀美國盲聾女作家、教育家、慈善家、社會活動家。她一歲七個月時因急性腦炎引致失明及失聰，也使她無法說話。在西元 1887 年，藉著她的導師安‧沙利文（Anne Sullivan）對她耐心的教導和關愛，並找到專家使她學會發音，讓她學會流暢的表達，才開始與其他人溝通並接受教育。海倫‧凱勒不但學會閱讀和說話，還以驚人的毅力完成了哈佛大學的學業並於 1904 年畢業，成為有史以來第一個獲得文學學士學位的盲聾人士。成年後，她繼續廣泛閱讀刻苦學習，成為掌握了英語、法語、德語、拉丁語和希臘語的作家和教育家。她致力於殘疾人事業，四處募捐以改善殘疾人的生活環境和受教育水準。她的事蹟使她入選美國《時代週刊》「人類十大偶像之一」，被授予「總統自由獎章」。

61 露意莎‧奧爾柯特（Louisa May Alcott，西元 1832 ～ 1888 年），19 世紀的美國小說家，最著名的作品是《小婦人》，這部小說是以奧爾柯特的童年經歷為基礎所創作的，並於西元 1868 年出版。

62 伊莉莎白‧巴雷特‧白朗寧（Elizabeth Barrett Browning，西元 1806 ～ 1861 年），英國維多利亞時代最受人尊敬的詩人之一。白朗寧被公認為是英國最偉大的詩人之一。她的作品涉及廣泛的議題和思想。她是一位博學，深思熟慮的人。影響了許多同一時期的人物，包括羅伯特‧白朗寧。她最著名的作品是《葡語十四行詩集》。

第十二章　隨遇而安

去如此，未來也將如此。那些想要成為領軍人物的人們，大多數正在與逆境進行著抗爭。

正如應該創造對自己最美好的東西一樣，我們也要創造出最好的環境，這樣才能創造出最偉大的人。你若想進步，就必須脫離原有的那些朋友。另外，如果你不能和自己喜歡的人成為朋友，那麼就喜歡能成為朋友的人。當一個人開始在這方面下決心的時候，進步會是驚人的。只要嘗試，你就會吃驚的發現那些原本與你沒有共同之處的人，卻和你有著很多相似的特質。

另外，如果你要把別人塑造得更好，你應該先做最好的自己。有些成功人士，沒有勇氣去正視自己的本性，當他認知到自己那些已經克服的缺點或錯誤又出現的時候，他便在與外部世界艱難險阻的較量中就失去了勇氣。世上沒有比戰勝自己更嚴酷的爭鬥。有時候我們會在征服困難和克服錯誤方面喪失信心。當面臨著要在正確與錯誤中做抉擇的時候，是沒有現成的書本讓我們參考的。對困難不妥協才是對的。

大概是我們高估了自己的能力，總是期望著那些不可能獲得的東西。巴黎充滿頹廢的藝術家，他們曾經想在那裡大展宏圖，然而他們的夢想卻從未實現過。每一個圖書出版商對作者都有很多期望，可是他們之中的大多數不能被世人所知。

有宏圖大志是件好事，但是難以實現的雄心壯志卻經常

挫傷我們的信心。我們之中的大多數人在成功的路上會受到束縛。

　　其中有些束縛會征服你，或者是自然的力量，或者是重大的事件，或者兩者兼而有之。但不應該因此改變你的人生進程。面對無法擺脫的束縛，我應該接納我們自己，傾盡所有力量去創造讓生活成功的可能。

　　成功的生活 —— 這種人類最高的追求，除了依靠外部環境，還需要機會，以及擺脫紛擾的能力和豁然樂觀的精神才能獲得。我們最後分析得出來的結論是：利用我們現有的東西，依靠我們自己的力量，努力做到最好。如果一個人能夠做到這點，那生活對其來說就不會有厭煩。

　　不幸和失望不能擊敗他，也不會擊敗他內心的平靜。無論何種境況，他都會說出威廉・亨利[63]的話：

> 無論通路多麼窄險，
> 儘管考驗無法躲閃，
> 我是我命運的主宰；
> 我是我心靈的統帥。

---

[63] 威廉・亨利（William Ernest Henley，西元 1849 ～ 1903 年），英格蘭詩人、文學評論家和編輯，以其西元 1875 年寫就的詩作〈打不倒的勇者〉出名，這部作品在 2009 年上映的英語同名電影《打不倒的勇者》中多次出現。

第十三章　衝突的忠誠

第十三章　衝突的忠誠

生活中，一些發生在我們身上的悲劇，即使是最平常的，也都源自對自我的權益與對他人義務的矛盾衝突中。難道正因為自私是天生的，才會有如此多的訓誡被鼓吹，來提醒我們對他人的義務嗎？也許，自我權益的保護是一種本能，使我們不需要這方面的要求和提醒。至少，我們聽到別人要求我們要對自己負責的話，要比要求對他人負責的話少很多。因此，一些較真的人開始察覺到，當衝突在兩種責任之間產生時，自我游離於責任之外就不足為奇了。可是，我不同意這個觀點。有句偉大的名言說得好：「其手中擁有必在其手中失去。」我們心中必須銘記，說這話的人給了我們智慧的預言。我們更要批評那些擁有智慧卻將智慧埋沒的人。

許多認真的求職者持有片面的觀點，他們認為權利導致對責任的反抗。當一個人放棄自我，失去自我，毫不關心自我毀滅時，僅僅只是在哭訴，「我就一文不值嗎？上蒼沒有給我負責自己人生的權力嗎？我沒有以幾倍的莊嚴職責，回報上蒼賦予我的才能嗎？」

這些問題的答案是毋庸置疑的。對自己的責任是其他人沒辦法承擔的。「每個人都必須承擔自己的責任」，如果我們不能承擔自己的責任，其他人就不得不為我們承擔。我們被期望做得更多，不單單是承擔自己的責任；在同一階段，我們被要求「承擔彼此的負擔」。這種前後矛盾只是表面的，

不是真實的。

在任何情況下，自我意識似乎都可以在語言中找到證明，它是無法被抹去和被踐踏的。讓我們仔細研究一下「自我」這個詞。這個詞包含著自謙、尊嚴和自我價值的含義。

以自我為中心要遭受譴責，但自力更生卻是一種責任。利己主義是自私的，但泰然自若是值得稱讚的。自制和自信令人讚賞。誰會去尊重沒有自尊的人呢？自我犧牲會為心靈帶來不可比擬的澎湃和震撼，但自我保護是一個人的首要義務。很顯然，你有責任去埋沒自己和維護自己；也有責任去貶低自己，尊重自己；甚至犧牲自己，保護自己。無論如何，自我是非常重要的，沒有了那些關於自我的責任，我們就不是一個完整的人。幾個世紀以來哲學家們為自私的定義爭論不休。我們應如何劃分自我權益和對他人的義務，英國哲學家傑瑞米・邊沁[64] 尖銳的指出：「除非是為了他自己的利益，不然想都不要想一個人會抬抬他的小手指。」如果他的意思是，每個人都是為了追求自我利益，那麼他的觀點就是荒謬錯誤的。要想證明這點，你無須捨近求遠，只需要看看母親為孩子是怎樣不吝嗇的犧牲自己的。如果他的意思是，每個人都想要做他們最想做的事情，那他的觀點是對的。我曾經

---

64 傑瑞米・邊沁（Jeremy Bentham，西元 1748 ～ 1832 年），英國哲學家、法學家和社會改革家。他是最早支持效益主義和動物權利的人之一。

第十三章　衝突的忠誠

認識一個女孩，她有個討人喜歡的習慣，將大部分的零用錢花在別人身上而不是自己身上，對所有人有求必應；她一直在尋找她的個人需求，即她對他人的救濟。當她的無私行為得到稱讚時，一個同學說：「噢，那不是無私奉獻，她只是喜歡以那種方式花錢。」是的，的確如此，但她依然是無私奉獻。她強烈的癖好是那些自私的人無法理解的。因此，要把她的行為稱為自私，就像將黑說成白，將光明說成黑暗。

自我權益的保護和為他人盡義務之間的衝突有時只是表面的；此外，也是痛苦的現實。要確定什麼是表面的衝突，什麼是現實，成為我們必須解決的一個難題。一般來說，能夠為他人在解決這個問題上提供的幫助甚少；其實，這正是我們在生活中需要獨當一面的境遇之一 —— 必須自己做決定，並為其承擔責任。隨聲附和只會陷入困惑。

父母用勞動換來的血汗錢為孩子提供教育，對此年輕男女應該接受嗎？在了解所有情況前，我們給不出答案。女兒應該面帶歡笑的離開家去追求更遠大的理想嗎？守寡的母親，為了讓孩子更有前途，使他們成為智慧又有用的人，就應該讓自己筋疲力盡，早日終老嗎？醫生為了找到救治方法，使更多的人可以生還，就應該犧牲自己的生命嗎？既可以滿足他人的需求，又不危害自己的健康和生命的界限在哪裡？

在此，我想指出某些關於我們義務與職責方面的歪理邪說。首先，如果你非常渴望做一件事或擁有一件東西，那麼，你的行為是自私行為。中世紀的禁欲主義者奉行這一假設。苦修者為了犧牲而犧牲，白白犧牲自己，沒有任何更大的目標。我知道一些按照同樣原理去規劃自己人生的人。我曾經有個朋友就這樣做的。她一發覺自己在什麼事上花心思太多就會立刻停止。受責任的驅使，即使有些事情是她不想做的，她也一定會去做。你有沒有想過，有一個愚蠢卻無私的家人會有什麼不良後果？這樣的人會在和其他人的相處過程中不自覺的變得自私。然而過度的無私也是行不通的。有時過度無私不僅不能幫助別人，甚至還會害人害己。正如，愚蠢的母親用過度無私葬送她們的孩子，妻子毀掉丈夫，姐妹害了兄弟。

那麼，很明顯，自我責任和對他人義務是不可分割的交織在一起的。你想要的東西可能對你有利，也可能為他人提供和自己相同的利益。例如，接受教育，會翻倍提升你的價值，不僅對世界是件好事，對那些獻身於教育的人更是一種告慰。

自我犧牲是高尚的，如果自我犧牲有必要，最終的結果也是有價值的。例如，沒有什麼比捨身救人更有說服力的，但我們鄙視無謂的犧牲的人，為了沒有價值的事情危及自己

的性命。我們應該尊敬那些在無私與價值間找到平衡的人。家庭是更大的自我，我們所處的學校、教會、城市也一樣。士兵服從國家的命令也是為了大我的表現。當個人的利益與集體的利益發生衝突時，個人利益必須讓位於集體利益。總有一天，善良和聰明的人會發現，有一個比國家更大的自我，那就是人類。到了那時，國家與國家之間再也不存在因排位引發的戰爭。在忠於國家和忠於人類之間再也沒有衝突，導致戰爭爆發的導火線也就不復存在。

除了犧牲生命，犧牲還有很多種。物質的犧牲並不重要，因為它們畢竟是身外之物。而僅次於犧牲生命的是成長的犧牲。令人擔憂的是，成長的犧牲經常是在未考慮其價值的情況下做出的。為了服務於他人而放棄教育的年輕人，應該確保其結果能夠實現最大價值。我認識的一位母親，不允許她的女兒完成她上大學的夢想，只因為她不想放棄對女兒四年的陪伴，這是一個卑微的、目光短淺的、自私的例子。她要求女兒做的犧牲是不公平的，因為這種犧牲是沒有任何價值的。

盡可能的奉獻，直到我們一無所有。有一位哲學家說：「如果你想成為一個偉大的奉獻者，你必須首先是一個偉大的人。」懷抱著使世界富足的夢，並終身踐行。這樣，你的生活才有意義。

第二個謬誤是沒有人承認重視責任；但如果我們真的不重視，就很難解釋我們的一些行為。為了時尚或追求穿著的款式，注定要損害健康。不好的飲食習慣影響消化，幾小時以後體力便消耗殆盡了。因此，不要以現在的滿意換取未來的幸福。不說其他人，這些對女孩也同樣重要嗎？許多女孩好像她確信自己在 30 歲的時候，再也不需要健康和體力了，因此想要在幾個月或是幾年中揮霍掉她們的所有。她應該明白，在她 60 歲的時候，她需要的至少和現在是一樣的。在未來會有一個讓她擔負起責任的孩子，而現在，這些孩子有些還未出生。當我們過度傾向工作時，爭論同樣適用。為什麼要在孤獨的努力中度過呢？為什麼不多考慮考慮未來的工作呢？有些目光短淺的年輕人，為了獲得教育，花費他們所有的健康資本，只活在被損害的生活中。

　　其中我們最關心的一個問題是，認真的人有必要捫心自問，我們應該與那些沒有我們幸運的人，分享我們擁有的物質財產嗎？貧困圍繞我們時，堅持努力就是勝利。這不是對牛彈琴。然而，許多人走向另一個極端，不願為同伴承擔任何責任。

　　這裡有一些關於社會道德的問題要你們捫心自問：當世上的許多人還在為基本生活奔走時，我有沒有權利生活在漂亮房子裡，穿著昂貴的衣服，把錢花在旅遊和其他樂趣上？

第十三章　衝突的忠誠

在我看來，答案是，我有權為自己花錢，但前提它將使我對世界有更大的價值。如果我將我所擁有的一切都給那些更需要它們的人或生活在貧困中的人，那麼也只會有少數人擺脫貧窮。儘管這是我的職責所在，但這樣無法去完成我的追求。然而，對那些終身都在消費而不創造，只知道索取而不做貢獻的人，我們應該說些什麼呢？毫不客氣的說，他只是一個寄生蟲，為自己的欲望和享受浪費了別人的成果。我有一個朋友曾經指責她那既廉價又樸素的衣服。她反覆念叨：「世上許多年輕人得不到教育，我怎能花這麼多錢在這些衣服上？」

因此，在我看來，忠於自我要求我們，應該盡可能客觀的看待自己。我們不能要求超過屬於我們的範疇，正如我們期待的，我們應該追求屬於自己的那部分，這樣做並不是享樂或自私，而是為了使我們能夠盡最大可能的服務這個時代。試問，對於你尋求的每一項利益，尤其是每一項誘惑著你的利益，你是否有權利去追求呢？也就是說，你能在擁有它的同時確保對其他人公平嗎？如果答案是肯定的，那我們再進一步的討論這個問題：它幫助我成為一個更有價值的人嗎？如果答案是否定的，那麼，即使你有權利去追求它，你也應該放棄它。

第十四章　紀律價值

第十四章　紀律價值

　　學生最常問的而且答案最不令人滿意的一個問題是：為什麼學生必須學習指定課程，或是必須遵守某些規定的行為規範？答案往往是：這是紀律。這句話可能是對的，但有時很難被提問者理解和接受。有人問，什麼是紀律？為什麼說這是美德呢？

　　談到紀律，我想我們會給出這樣的定義：人類自身必須服從的某些外在的東西，首先人類自身要服從於法律，儘管法律也是人制定的。

　　顯而易見的事實無須贅言，哪怕只是一天沒有紀律，學校也無法獲得學生的尊重。不管規定是由學生還是其他更有權利的人制定的，這一定不是出於一時衝動，也不是學生僅僅想為自己追求更高的利益，其規定一定是兼顧了學生的個人利益和學校的集體利益。沒有學校可以為成長提供適當的條件，如果所有人都隨心所欲的話，除非人人願意像重視自己的權利一樣去考慮別人的權利。無論是外在的強制措施還是一些內在規定，每一個人都必須對整體的利益做出自己的貢獻。其結果是制度和秩序，以最大的努力使每個人都服從他。社會成員必須放棄一部分的自由和利益，這種利益對他來說是較大的自由。學生有時過於思考他們放棄的自由，卻很少考慮因放棄自由而獲得的利益。

　　也許，遵守紀律有時讓你增加了一些煩惱 —— 又有誰沒

經歷過呢？──當我們要做想做的事情時，有誰沒渴望過自由時間？毫無疑問，有時即使是最忠實的學生也渴望「蹺課」。然而，約束自我和明確任務無疑可以通往最大的自由。

由於學習沒有捷徑，因此在學習時，必須思考、比較、推理、記憶；必須學會擁有敏銳的洞察力和準確性。在學校或大學學習時，我們費力獲得的知識大部分被遺忘，如果思想服從紀律，就獲得了轉化問題並解決問題的權力。這項能力物有所值。它對生活價值的增加不可低估。它給予事物自主和控制，是其他方式所不及的。它提供資源，使生活更值得追求。它大大提高了個人對世界的作用。即使要我們付出金錢的代價，那也值得承受這樣的心理考驗。然而，大多數人不願意這樣做，因此，那些慷慨的人登上了領導地位。

意願磨練與智力訓練同等重要，又都不重要，因為光靠想是無能為力的，行動才有價值。這點非常必要，就像普通公民不僅應該是訓練有素的思想家，更應是正確行動的踐行者。同時，這兩種磨練不存在二選一的衝突。它們應該攜手並進。

很難說誰才是社會中較大危險的來源，柔弱萎靡者，或是強而固執者。監獄、教養院收容的大部分人是志向與意志薄弱的人。每個團體中都遵循少數服從多數的原則。社會生活中如此，在政治生活中更是如此。固執將可能發展成為邪

第十四章　紀律價值

惡的意志，只以服從自私和卑微為目標，這已得到亙古不變的證明。被前首相指名為「擁有龐大財富的壞人」的人屬於這一類。暴君是由強大的不受管制的意願形成的。這一類人永遠一意孤行，無視他人的權利或感受，專橫獨斷。如果在生活中不注意的話，很多家庭中會出現這樣的成員，他的意願制約著家人，這並不是因為他是最明智的，而是因為他是最堅決的。

席勒[65]說：「人的偉大或渺小取決於他的意志。」部隊和工業獲益於紀律的支持，訓練出了精確和調度統一的作風。它們還因此獲得耐心和毅力，並且知道如何抵制、堅持、發動攻擊和克服障礙。「我的創造力從未像這般服從我，」查爾斯·狄更斯[66]說，「但應服從平凡、謙遜、耐心，日復一日的辛勤勞動。」「天才，」喬治·艾略特[67]說，「有接受紀

---

65 席勒（Johann Christoph Friedrich von Schiller，西元 1759 ～ 1805 年），通常被稱為弗里德里希·席勒，羅馬帝國 18 世紀著名詩人、哲學家、歷史學家和劇作家，德國啟蒙文學的代表人物之一。席勒是德國文學史上著名的「狂飆突進運動」的代表人物，也被公認為德意志文學史上地位僅次於歌德的偉大作家。

66 查爾斯·狄更斯（Charles John Huffam Dickens，西元 1812 ～ 1870 年），維多利亞時代英國最偉大的作家，也是一位以反映現實生活見長的作家。狄更斯的作品在其有生之年就已有空前的名聲，在二十世紀時他的文學作品受到評論家和學者廣泛的認可。狄更斯的小說和短篇故事繼續廣為流行。

67 喬治·艾略特（瑪麗·安妮，「瑪麗安」或「瑪麗安」艾凡斯，Mary An-

律的強大能力。」他們對此深有體會，因為他們的著作得以完成是長期堅持自我約束的結果，如果連偉大的作家都承認這一點，那麼在平凡人的生活旅途中，這類磨練更不應受到鄙視。

有份自己喜愛的工作，是我們一生中最渴望的事情之一。然而，必須承認，世上大多數人在工作時並不愉快。要想愉快的工作，我們要做的事是盡力去適應，即使它並不讓人愉快。這需要意志力，強大的意志力，甚至超出你所擁有的。為什麼到處都有失業的人，原因（儘管不是唯一的原因）令人震驚。這樣的人寧肯由國家慈善機構照顧，他們也不能或不願把握任何勞動機會。

即使我們受到優待，工作也符合心意，也會有不是特別愉快的日子，且必須履行職責。幾年前，艾略特博士[68]，當時的哈佛學院院長，在《勞動的樂趣》中向一群勞工講述了一件事情。他試圖向他們表達，他們不應該指望在其工作的每一個細節都擁有樂趣，相反的，要放眼更大的關聯性，為

---

ne, "Mary Ann" Or "Marian" Evans，西元 1819 ～ 1880 年），筆名喬治・艾略特（George Eliot），英國小說家。代表作：《佛羅斯河畔上的磨坊》、《米德爾馬契》等。

68 艾略特博士（Charles William Eliot，西元 1834 ～ 1926 年），美國學者、教育家。他在西元 1869 年當選為哈佛大學校長。艾略特把一個地方院校轉變成了一所美國知名的研究型大學。直到 1909 年結束校長任期，艾略特是美國大學歷史上在位時間最長的校長。

第十四章　紀律價值

明確的目標而努力。他說，他的一個熟人，從事著在他看來最令人羨慕的工作，每一天要做很多事，且必須由純粹的意志力完成，根本無法被稱為愉快。他說，他所講述的這個人，能把自己的工作視為完全令人愉快的；然而這絕不是實情，他每天工作的大部分是苦差事，他這樣做，只是意識到它在計畫中的重要性。可見是遵守紀律的意願使我們能夠毫無怨言的做不喜歡或不感興趣的事情。就像科學家在實驗室工作，律師準備辯辭，商人不分晝夜的在辦公，他們都要花費大部分時間在不感興趣的事情上。然而，成功與失敗之間的區別在於，一個人是否有能力將自己投身於不感興趣的事情上。

照顧家庭的母親是否需要紀律意志？事實上，還有誰會比她更需要？在生活中有更多瑣事和無休止的勞動，哪裡有更美好的前景和更大的視野？在這種情況下，做瑣事和苦差事獲得讚美是個幻想。

誰掃視了你的規則空間

使得這種行為受到處罰

遵守紀律的人學會了尊重他人的權利。英國人常常評論美國家庭是缺乏紀律的典型，其自我主張使得孩子無視他們長輩的權利。這些孩子，成長為年輕男女，踐踏別人的權利

和感受。離開家去外面生活，可以明顯的區別被寵壞的女孩和那些幸運的受過管教的同學們，她們在明智的家庭中，受過多年堅實和善的紀律管束。她不得不調整自己以適應新的環境，在學校，她的權利不再比其他人更重要。如果她要在學校中贏得任何地位，她必須讓自己迅速置身於嚴格的紀律之中。如果她沒有做到，她必須為此付出代價。直到她成為被社會接受的成員，她才可以得到生命中的位置。為什麼每個女孩應該有離家住校的這部分經歷，最好的原因之一是，和同學相處能培養健全的紀律。

運動場是世界上最好的彰顯紀律的地方之一。為美好的世界克己，構成了每場比賽成功的基礎。好的「工作團隊」不允許任何隊員對其他隊員傲慢。少了自我克制和自我控制，紀律嚴明的比賽就無法進行。

你會發現訓練有素、紀律嚴明會成為最寶貴的資源，使你能夠做應當做的事，不管你是否喜歡它。那些在每個時代獲得真正成功的人，有著龐大財富的人不都是因擁有這種力量嗎？在學習裹著糖衣並且用一切可能的設備製造吸引力的今天，強調這一點是合乎情理的。這似乎是一些教師的目標 —— 事實上，是某些學校的教育目標 —— 管理者對學生花最少的精力傳授最多的知識。其實，每一種設備和條理都是有害的，它剝奪了學生自己的見解。付出得越真誠，得到

的越好。我們都知道，那些想不費力氣學習的聰慧學生，往往因為覺得學習乏味無趣而較晚的步入人生正軌。原因之一是，他們是被迫接受，而勤奮與堅持是年輕人獲得成功的代價。

　　經歷一代人研習，曾經死板的課程變為少數好的選修課之一，這是一個重大的進步。當然不要理解為，沒有樂趣比充滿樂趣的學習要好，我堅信的與此恰恰相反。然而，在選修課程時，學生有根據自己的意願選擇的傾向。而我則建議學生選擇自己不喜歡的。回想我自己的學生時代，想起克服高難度研究課題中的特別難題並掌握它的喜悅，我想應該給每個學生機會，讓他們拿自己的與某一課題衡量，尤其是對他而言相對困難的課題。這會增強思想力量，從而培養信心和力量。你是不是難以忘記掌握困難的問題或課題的時刻，仍然能感覺掌握時的喜悅？你突然開始注意新的潛力，那麼你怎麼能相信你受過教育？關於學校和學院的學生傾向於選擇「單元課程」，曾有人說，「對於任何責任重大的工作，我們希望負責人從小就能進行自我管束，能將思想的懶惰去除。」僅僅是及格分數就能滿足的態度，是學風差的表現和對理想的背叛。對此滿意的人，忘記了教育的真正理念。

　　我們發現，在生活中，大多數人必須做的最重要的一件事情是克服障礙。它們圍攻每條小路，不是它們死，就是我

們亡。生命不會給任何人方便。有時候，我們會遇見讓我們印象深刻的人，他們可以克服任何困難形勢，任何錯綜複雜的境遇。無論他們承擔什麼，哪怕障礙重重，我們都堅信，他們會度過難關。這樣的人信心滿滿，無論他們身在何處。我們本能的認為，他們可以被安心的委以重任。朱莉亞‧沃德‧豪[69]曾經說過，她從來不說不可能，因為她將擺脫不可能並達成目標！

　　我想，就戰爭而言，是紀律讓士兵們衝鋒陷陣，步調一致。當然，對他們而言，除了戰爭，沒有任何事情可以吸引他們。士兵是紀律的表現。會命令別人的人，首先要學會服從。透過服從紀律，然後我們得到權利。第一個聲稱領導世界的人，將是一個完全掌控自我的人。

---

69 朱莉亞‧沃德‧豪（Julia Ward Howe，西元 1819 ～ 1910 年），美國的廢奴主義者、行動主義者、詩人以及愛國歌曲《共和國戰歌》的作詞者。

第十五章　成功的人生

第十五章　成功的人生

　　什麼是成功？可能人們給出的解釋各不相同。但總有一點是一致的，就是無論怎樣，我們都想成功。的確，在這個世界上，成功是我們最想得到的，那麼如何獲得成功呢？這個問題是現在各類學校正在講授的課程。回首往事，一旦生活中充滿失敗，活下去的勇氣蕩然無存。很多人有過這種經歷，他們就像被拉到岸邊的一艘殘缺的船隻，桅杆斷裂、羅盤破損。然而他們也曾年輕，對生活充滿希望，期待一種完全不一樣的生活！有時候我們認知不到在學校學習是為了我們遠航做準備。每天我們都學習航海圖和指南針的使用方法，從地圖上了解哪裡存在危險，哪裡能找到安全路線。為了自己的人生和名譽，要想獲得令人欽佩的才能，不妨研究一下那些具有這些有才之人的人生，試著讓他們說出成功的祕訣。在史書上，我讀到了一個又一個成功人士的人生，一些共性凸顯出來。

　　我們隨意選出十幾個真正成功的人生來認真研究和比較。從外因你會發現他們有著極大的差異。比如：一個是幸運兒；一個卻與貧窮艱苦爭鬥。一個出生名門，傳承著幾代人的文化、品格和成就；而另一個人卻身世不清，得不到任何家族的資助。他們的人生目標與所得到的財富各不相同，然而在每一個傑出人物的人生中均有一些清晰的、共同的特點。

首先，我所知道的成功人士都有明確的人生目標。我看見他們為了這一目標不懈的努力，將任何誘惑置若罔聞。一個好的水手知道要去往什麼地方，就不會一味的改變航向。他不灰心，不氣餒，堅定的向著心中的目標航行。人生中很多的失敗都是因為沒有目標造成的。在我分析的眾多的成功人士中，沒有一個是只尋求個人快樂的。他們有遠大的目標、宏偉的抱負；致力於為他人謀福利，為人類求發展。想想林肯和菲利普斯‧布魯克斯會把自己局限在一些微不足道的小事中嗎？哪怕只有一天！自私的人生是一種失敗，「在少數人面前妄自尊大，就讓他做多數人的奴隸。」真正成功的人生都是在這個原則基礎上鑄就的。他們並不特別在意是否偉大，是否出名，而是迫切盼望履行責任。成千上萬的人都覺得自己不幸福，如果他們不再詢問自己是否幸福，而是為他人去做些事情，或許能夠找到幸福，走向成功。

　　真正成功的人都是相信自己，相信別人。離開這些信任，任何人生都不完美。

　　我們必須相信自己，因為我們常常會高估自己能做的事。就我們而言，因為自卑而畏縮不前並不是謙虛，而是懦弱的表現。卡萊爾說：「自信是英雄主義的根本。」這並不意味推崇過分自信。我們都知道世上會有一些對自己能力評估過高的人。這些人令人討厭，經常被愚弄。那些總是試圖做

第十五章　成功的人生

成大事，卻總是以失敗告終的人理所應當受到譴責。然而大多數人失敗的原因並不是過分自信。我們應該在懦弱的意識中注入相信自己能力的元素來與過分自信抗衡。而不自信是阻礙發展的。那些能夠做出許多大事情的人，通常具有極好的自信。一種離自負相差甚遠的自信。一位為瑪麗・萊昂[70]寫傳記的作家說：「她具有辨別可能或不可能做到的事和做起來僅僅有難度的事的非凡能力。」這是一種我們大家都應該掌握的能力。年輕人應該記住：我們有權用我們最優秀的能力去評價自己，而不是用最差的能力去評價自己。沒有足夠的經驗來發現自己的潛能，精神方面亦有高潮和低谷，情緒方面也會有憂鬱與滿足。敏感的人認為最差的自己才是真實的自己。實際上，並非如此。下面的這首詩可以表達出所有人的感受。

在世間的神殿裡有一個群體，

有人謙虛，有人驕傲。

有人像愛自己一樣愛鄰居，

有人無所求卻名利雙收。

---

70 瑪麗・萊昂（Mary Lyon，西元 1797 ～ 1849 年），美國教育家，婦女教育運動的先驅者。美國曼荷蓮女子神學院的創辦人，現為曼荷蓮學院，為美國七姐妹學院之一。從醫學界先鋒到普立茲獎獲獎者，曼荷蓮學院以培養不同領域女性領袖而著名。萊昂任首屆院長達 12 年之久。

有人為自己的罪惡而傷心難過，
有人自鳴得意不思悔改。
如果確定我是哪一個，
我將無憂無慮。

如何在複雜的人群中確定出哪一個是真正的自己，只要清楚一點：處於最成功時期的你才是真正的你。你不追求名利，像愛自己一樣愛著鄰居。對自己的錯誤總是坦然悔過。真正的人生是我們處於巔峰的時刻，而不是低落的瞬間。相信我們具有最強大的能力之時，正是我們的設想最真實之日，實現自我的首要一步是相信自己。我們處於巔峰時期所擁有的最佳自我，一定會將幻想降到最低點，我們從中獲得靈感和動力。

寶劍鋒從磨礪出，
梅花香自苦寒來。

如果你想真的成功，就必須相信他人，多疑的人永遠不會成為別人的恩人。對你幫助最大的人就是對你最信任的人。所以如果你想幫助別人，必須信任。每個人都是有缺點的，但仍然要看到他的優點，這是非常難能可貴的。如果你不具備這種能力，就要朝這個方向努力。永遠不要在別人身上尋找自私的動機，而要挖掘其潛在的優點。儘管它像剛出

土的嫩芽一樣微小，仍要給它幫助，讓它茁壯成長。有人期待我們把事情做好是件很鼓舞人的事情。

我們對他人的信任使他們非常自信。給他人最大的幫助莫過於增加他們的自信心，相信他們的能力。做一個激發信心的人是我們的榮幸。從認識的人那裡，我們感覺一切皆有可能。他們會給我們鼓勵，激發我們的熱情，讓我們相信自己。這種非凡的能力是在豐富的精神生活中形成的。作為激發信心的人，自己對待人生的態度必須正確，必須表裡如一。周圍充滿了希望與鼓勵。悲觀的人，玩世不恭的人，厭世的人，永遠不能成為激發信心的人。具有這種能力不取決於我們做了什麼事，而取決於我們是怎樣的人。

隨著年齡的增長，我們都或多或少的遇見過自私的人，或者被騙子欺騙，所以得出了這樣的結論：信譽、忠誠和無私幫助根本不存在。要堅信人性是善良的，有人騙過你嗎？即使有，也要再相信他一次。

很難找到一個成功的人，卻不相信上帝，如果我們相信這個世界僅僅由偶然來掌控，相信生活沒有意義和目標，相信錯誤的東西最終可能會戰勝正確的東西，又怎麼能夠保持自己的生活既安定又充滿希望呢？但是，人生中重要的組成部分應該是相信智慧、善良是宇宙的統治者。相信宇宙的威力與正義同在，美好的願望最終一定會戰勝邪惡。當惡勢力

似乎占上風的時候，相信這只是暫時的，該是多美好啊！也許你會因為這個世界不能秉持公平而煩惱。你知道邪惡的人經常成功，而正義的人往往遭受失敗的痛苦。可能你會因為不理解其中的原因而煩惱。毫無疑問，要完全理解不容易，但更好的辦法是，作為宏偉計畫的一部分，以平常的心態去接受。我們都需要人生的理論、人生的哲學。否則，生活就不會充實。相信「能力創造正義，而不是我們自己」的人能夠保持樂觀、安寧，相信任何事情都會有好的結果。無論發生什麼事情，都不會相信這個世界即將毀滅，即使是有史以來最殘酷和不必要的戰爭，都不能動搖確信世界會逐漸變好，而且會越來越好的信念。當他們代表公正的時候，自信為上帝而戰。結果是上帝總是勝利者。

我相信有一貫成功這種事。有些人就有這種習慣性。無論在何時，也無論在何地，他們不可能不成功，為什麼？兩個原因，一是有明確的目的，二是百折不撓的毅力。做到這兩點，還有什麼能打倒我們呢？

「勝利屬於安心工作、目的明確的人。」失敗有時候會降臨，那又怎麼樣？一往無前的精神仍然會給予我們鼓勵，白朗寧相信：「跌到了站起來，在挫折中成長。」這句至理名言每一個勇敢、堅強的人都相信。這就是我所說的：「習慣性成功。」這種人生態度一定會成功，無論是失敗還是挫折，

第十五章　成功的人生

都是以後的經驗教訓。你看得到，我對成功的解釋並沒有過多的涉及財富、地位、名譽以及許多人愚蠢的認為暫時成功的事例。只有掌握了生活藝術的人才是真正的成功者，無論是否聞名。不要認為人生的成功是用幸福的多少來衡量的。有的人一生充滿幸運、健康的身體、充足的收入和親密的朋友。有的人卻麻煩不斷，貧窮、疾病和悲傷。如果我們不能分辨，很可能會認為一個人只有遭到命運殘酷打擊才算是失敗。必須懂得只有靈魂才能知道一個人是否成功。我們必須知道社會對他的評價。

學校的生活就是教給你們道德的價值，告訴你們哪些東西最有價值。能夠為一個人最終帶來成功的特質，在他生活的準備階段也是必備的。機會無處不在。有些人注意不到，無視它的存在。而另一些人抓住機會，充分利用。兩名學生並肩坐著。一個感覺遲鈍、無精打采，浪費時間；另一個認真、注意力集中，抓住每一個完善自己的機會。在兩個人後來的生活中，一個因為冷漠和懶惰的習慣而事事失敗，另一個把他的能力集中運用於手中的工作，贏得了成功。人生是否成功並不全是機會的問題，當然也有性格的問題。

第十六章　婦女的進步

第十六章　婦女的進步

文明史，尤其在過去的一個世紀，呈現給我們的所有奇蹟中，最為顯著的莫過於婦女的進步。當我們向後代講述政治和宗教自由的故事時，為了讓他們更加的珍視和守護文化和宗教的自由，所有的婦女和女孩都應該知道，她們現今之所以能在世界上大部分的開化之地有這樣的地位，那是無數人持久抗爭奮鬥的結果。儘管奮鬥的過程是痛苦的，但其歷史意義卻具有指導性和激勵性。如果我們能夠確切的知道，過去的世界對於女性地位的大眾意見，我們就能更為真實的確定這種趨勢是否還在持續。

頭腦簡單的人很容易就這樣揣測，世界本來就這樣，社會風俗和習慣都是神賜的規定。這就是為什麼我們要從歷史中學習。任何有著開闊研究視野的人都認可這一事實：我們的世界是一個整體，人類社會也一直在向前發展。每一代人都有義務去了解過去的智慧，並為後代留點東西。

關於所謂的「婦女問題」有許多的說法，最為世人所熟知的之一，是婦女被賦予選舉權。所有被提及的以及今後可能要被提及的問題，都可以歸結為如下一到兩個全能問題：有沒有一種自由、權利或者機遇只對男性適用而不適用於女性？如果有，誰有權來接受或拒絕？

過去的時間裡，許多壓迫婦女的保守思想都已被掃除，其他的也正在消失。然而討論還在繼續，有時熱烈，有時平

和。新一代女孩正在成長，她們之中的每個人都頗受關注。在什麼樣的社會下這些女孩才能更快的獲得她們的地位？婦女的任務和責任與過去有何種程度的不同？今日的女孩將成為未來的婦女，她們應該以開放和智慧的思想走進新世界。

僅僅在數百年前，哲學家們還在嚴肅的討論女人是否有靈魂這一問題。隨著時間的流轉，如此愚昧的思想意識早已蕩然無存，但是以今天的理智的觀點看來，一些極其瘋狂的思想意識卻一直存在。

任何時代的文學作品都反映了當時的大眾意見，如果我們想了解那時的婦女被怎麼看待以及她們內在的最為可取的思想，我們只須閱讀那時的文學作品。尤里比底斯[71] 反映

---

71 尤里比底斯（Euripides，西元前 480～前 406 年），與埃斯庫羅斯（Aeschylus）和索福克里斯（Sophocles）並稱為希臘三大悲劇大師，他一生共創作了九十二部作品，保留至今的有十七部。對於尤里比底斯的評價，古往今來一向褒貶不一，有人說他是最偉大的悲劇作家，也有人說悲劇在他的手中衰亡，無論這些評價如何反覆，毋庸置疑的是尤里比底斯的作品對於後世的影響是深遠的。其著名悲劇《伊菲革涅亞在奧利斯》描寫，特洛伊戰爭前夕，阿加曼農（Agamemnon）為了擺脫阿提米絲（Artemis）所製造的無風天氣，必須獻祭其親生女兒伊菲革涅亞。為了將後者從家鄉騙到舉行獻祭的奧利斯，阿加曼農在家信中假稱要將伊菲革涅亞許配給阿基里斯。伊菲革涅亞來到奧利斯後，雖然得知殘酷的事實，卻坦然的樂意為了大局而奉獻自己。目睹這一幕的阿基里斯很受觸動，於是當即向伊菲革涅亞正式求婚。此後阿基里斯為了維護伊菲革涅亞而遭受士兵圍毆，並在祭典舉行時將仍忠於他的士兵聚集於祭臺之下，準備隨時上臺搶人。後在伊菲革涅亞的勸說下沒有實行。最終，伊菲革涅亞消失在祭臺之上，由一頭公鹿取代了她

第十六章 婦女的進步

了希臘人的情感，他的作品中伊菲革涅亞 [72] 對阿基里斯 [73] 說：
「一千個婦女的死亡要好於一個男人的死。」拉丁格言：「唯隱
者最逍遙。」直接道出了羅馬帝國時期婦女的地位。中世紀浪
漫時期，婦女們活著似乎只是作為比賽的獎勵，或者是讓騎
士俠客藉以展示其英雄氣概。在喬叟 [74] 時期的故事裡，如格麗
塞爾達 [75] 的故事，主要強調這樣的結論，那就是她因其對重大
冤屈和最為嚴酷的不公的順從而受到最高的尊敬。菲爾丁 [76]、
理查森 [77] 以及其他 18 世紀的小說家們所描寫的女子形象，性
格軟弱、情感脆弱，當我們了解到她們被賦予的毫無目的可

的位置。這件事成為阿基里斯傳說中的一段情史。

72 伊菲革涅亞（Iphigenia），阿加曼農和克呂泰涅斯特拉（Clytemnestra）之
　　長女。為古希臘劇作家所喜愛的悲劇人物。

73 阿基里斯（Achilles），古希臘神話和文學中的英雄人物，參與了特洛伊
　　戰爭，被稱為「希臘第一勇士」。

74 喬叟（Geoffrey Chaucer，西元 1343 ～ 1400 年），英國中世紀作家，
　　被譽為英國中世紀最傑出的詩人，也是第一位葬在西敏寺詩人角的詩
　　人。代表作：《公爵夫人之書》、《眾鳥之會》、《特洛伊羅斯與克麗西
　　達》、《坎特伯雷故事集》等。

75 格麗塞爾達（Griselda），喬叟《坎特伯雷故事集》中〈商人的故事〉的
　　主角。

76 菲爾丁（Henry Fielding，西元 1707 ～ 1754 年），英國小說家，劇作家。
　　其代表作品《湯姆・瓊斯》對後世影響較大。

77 理查森（Samuel Richardson，西元 1689 ～ 1761 年），英國的一名作家及
　　印刷商。代表作：《帕梅拉》、《克拉麗莎》、《查爾斯・格蘭迪森爵士的
　　歷史》等。

言的生活時，這些形象喚起了我們的同情。然而，我們也不能忘記每一時代都有對於典型的顯著期望。從黛博拉時期甚或更早，每一代都有其「新女性」，異己分子，她們堅持獨立思考。大部分莎士比亞作品中的女主角都是這一類型。

從上古起，法律重重的壓在婦女身上，羅馬法即是如此。羅馬法規定，婦女不是公民，也不享有公民的權利和義務，她們處於被永久監護的地位。其實，我們不必回到羅馬時期去尋找歧視女性的證據。在這個國家，僅僅在一百年前，斯德哥爾摩省是第一個准許婦女立遺囑的省。不久，烏普薩拉省通過了准許婦女有自己的著裝權力的法案。其中有的法案確立起因於諸多的慘劇，為了避免孩子落入他們無良的父親之手，許多半瘋狂的婦女殺死了她們無辜的孩子，這一事件促使卡爾馬省立法機構廢除了父親是孩子唯一監護人這一法條。

在那些非基督徒統治的世界裡，婦女的進步更為緩慢，有著比基督教世界更多的障礙。確實，這些國家的婦女一定嚮往生活在基督教地區，在那裡她們可以得到拯救。佛教 —— 日本的主要宗教，告誡婦女要想上天庭的唯一希望就是轉世為男性。儒教 —— 中國的主導宗教，一直強調十女不如一男的觀點。在婆羅門信仰裡，婦女被禁止閱讀經文和祈禱。在印度，曾允許將寡婦燒死在其丈夫的葬禮上獻祭。一

第十六章　婦女的進步

個穆斯林男子祈禱道：「哦，真主阿拉，感謝你使我生為男性。」並且《古蘭經》也告誡女性，其唯一可以得到拯救的機會就是絕對的忠實於丈夫。

在任何藝術或行業中，婦女都不能享有至高的地位，這一事實經常被引用以證明女性天生卑微。一直以來，男性可以獲得諸多至高榮譽和獎勵，甚至於直至近代，我們還很難想像婦女可以寫作、畫畫，甚至創作音樂。然而令人吃驚的是，有眾多的婦女勇於藐視大眾偏見，並在諸多領域展示其天分。喬治‧艾略特以一男性名字寫作，獲得極高聲望。多蘿西‧華茲渥斯[78]的詩歌天賦極大的為其兄的聲譽增輝。很少人知道費利克斯‧孟德爾頌[79]的「無言歌」（Song without Words）中的許多歌曲都是其姐范妮[80]的作品，這是在他最新的傳記裡敘述的。卡羅琳‧赫歇爾[81]，是另一位因其努力而

---

78 多蘿西‧華茲渥斯（Dorothy Wordsworth，西元 1771 ～ 1855 年），英國作家、詩人、日記作家。英國著名詩人威廉‧華茲渥斯的妹妹。

79 費利克斯‧孟德爾頌（Jakob Ludwig Felix Mendelssohn Bartholdy，西元 1809 ～ 1847 年），德國猶太裔作曲家，生於德國漢堡的富裕家庭，逝於萊比錫。孟德爾頌是德國浪漫樂派最具代表性的人物之一，他也是一位共濟會會員。

80 范妮（Fanny Cäcilie Mendelssohn，西元 1805 ～ 1847 年），夫姓為亨塞爾（Hensel），德國女鋼琴家，作曲家。費利克斯‧孟德爾頌之姐。

81 卡羅琳‧赫歇爾（Caroline Lucretia Herschel，西元 1750 ～ 1848 年），德國天文學家，威廉‧赫歇爾的妹妹。為紀念她在天文學上的貢獻，小行星 281 Lucretia 以她中間的名字盧克雷齊亞命名。

為其兄 —— 一位偉大的天文學家威廉[82]，帶來榮譽和名聲的女性。如果上述任何一位女性生活在 20 世紀，那世界就會為其天才頭腦的辛勤工作而授予至高的榮譽。

19 世紀後半期婦女被給予受教育的機會，並因此帶來如下的結果：她們開始探究並要求所有的權力，這一發不可收，直至其最終獲得所有的訴求。她們索求什麼呢？那就是清除所有阻礙她們獲取自由的勢力，除此無它。自然給予她們的阻礙和由此讓她們所背負的限制，無法抗拒，必須遵從。對此，理智的女性不予爭吵。而那些人為設置的障礙，她們決心要清除。中國的婦女們意識到，除了裹腳這樣的肉體摧殘外，她們還背負了太多的精神壓迫。即使是婦女們獲得了訴求的每一項權利和機會，對於撐起半邊天的她們，生活依舊不太容易。

婦女們渴求數年而徒勞無功的事情之一就是受高等教育的權利。100 年前，我們國家沒有一所大學招收女性。思想保守或刻板的男性 —— 也有女性 —— 都在爭論給予婦女教育權利沒有用，他們沒有能力接受，即使有一些能接受，那也是偶然現象或者是其先天的稟賦。最終的結局是，由於其

---

82 威廉（Frederick William Herschel，西元 1738 ～ 1822 年），出生於德國漢諾威，英國天文學家及音樂家，曾提出多項天文發現，包括天王星等。被譽為「恆星天文學之父」。

第十六章　婦女的進步

神授的家庭責任，婦女不適合接受教育。現今沒有人理會這些愚蠢的恐懼。每年有數萬名婦女從大學畢業，而這也無損於她們的健康，由於其更為開闊的視野和廣泛的興趣，她們更好的為人妻或為人母。

婦女追求數年的另一個訴求就是工作的權利，即在她們和想要的工作之間沒有人為的障礙。世界給予了她們這一權利，儘管緩慢並有些不情願。無論何時，婦女走出家門尋求一份報酬更高的工作時，都會招致不適宜的口實。然而，要回到 100 年前婦女不被允許工作的狀態，並不比使峽灣大瀑布倒流容易。統計資料顯示，在我們國家有超過 500 萬的婦女從事於各種收入頗豐的職業。

也許你會問，為什麼婦女們都要走出家門去找工作呢？為什麼我們就不能回到過去的美好時光裡，那時的婦女都在尋求庇護和家庭的安全港灣。對這個問題的回答相當的複雜。50 年前，哈里特‧馬提紐 [83] 寫到英國的情形：「一個社會組織建構的一半人待在家中，而另一半外出工作，這顯然不能滿足有四分之一的人留在家裡而其他人外出工作的社會的目的，在新的情況下，這種事情必須採納新的觀點。」

在回答為什麼有如此多的婦女外出尋求有報酬工作的問

---

83 哈里特‧馬提紐（Harriet Martineau，西元 1802 ～ 1876 年），英國社會理論家、作家。通常被譽為英國的首位社會學家。

題時，有一個廣泛的非議。透過回想你所熟悉的透過外出工作求生存的婦女和女孩子，你自己可以很好的回答這個問題。問問她們為什麼不放棄現在的高薪職位回到「家的庇護所」。她們可能會告訴你，家裡沒有足夠供養她們的經濟基礎。很多時候她們也會告訴你，她們的辛勤勞動是家庭的收入來源之一，用以維持家庭開銷和撫養孩子、贍養老人。

　　有些人的說法也許會引導你這樣想，婦女們是否可以像她們的老祖母們那樣，僅僅在家裡織紗紡線。假設她們真這樣，她們的勞動力就沒有市場，誰來賺足夠的錢來養活她呢？如果你了解 100 年前每個家庭的實際情況，你會發現那時和現在的生活條件差異極大。

　　那時，大量人口都生活在農場，以此來獲取所有人的物質給養。而這許多年裡，人們都向城市發展。過去在家人共同努力下在農場可過上小康生活的人，現今都在商店、工廠從事相關的工作。而其薪水通常並不足以供養全家人，婦女必須出力幫助男人。之前每個男人都有幾個依附於他的女性親戚，除了妻子和女兒外。現今，一個有自尊心的婦女都願意過自給自足的獨立生活。

　　更進一步來說，許多最有收益的工作都被擠出了家庭的範圍。各式各樣節省勞力的發明每年層出不窮，水力、風力和電力一起剝奪了婦女們的古代特權。在機器發明以前你的

第十六章　婦女的進步

老祖母為家人，包括男性織造所有的衣物。甚至，她和她的助手一起用紡出的羊毛線來紡織衣物。用經其編織後的亞麻和羊毛製成成衣，但現在這些都不必在家庭生產。現在一個人要穿衣，他必須得有錢。英國的拉斯金紡織廠是 20 世紀手工作坊的典型，但這些紡織機生產的產品成本極其高昂。

在你老祖母的家裡，所有家庭必需的輕工產品，無論是石蠟還是奶油蠟燭，都是自己生產製作的。我們現今需要瓦斯和電力照明。而所有的居家食品都在工廠生產。所有的罐頭廠和工廠都以比家庭更為低廉的成本在生產食物。以家庭作坊原材料的價格就可以買到成衣。

我所要說的就是勞動力從家庭作坊向工廠的轉移，需要婦女們富有成效的令人滿意的勞動。這也導致了她們普遍的休息時間減少。抗議勞動力閒置，導致了許多的婦女們要抓住每個生產職位上誘人的工作機會。

當家庭不再需要她們時，本能在促使她們在外面找到活動的機會。如果你有在這個世界做點事的渴求，就不要怕丟臉。你也許從事的是不適合女性的工作，但這樣做並不意味著你就有男子氣，儘管這十有八九都是男性在做。當我發現一個女孩子，很認真的透過她力所能及的方法做一些工作，以維持生計，我都會很高興。父母不對女兒設定任何明確目標，不對她們灌輸女孩需要人照顧和保護的思想，這麼做是

否明智？誰被保護，誰能被保護，今天堆積的財富，明天就有可能消失？

在婦女進步的進程中，是否給予婦女選舉權這一問題仍激盪著當今的世界，就像以前她們受教育的問題一樣。我們沒理由不對此感興趣。我們可以大膽的宣布，任何一個瑞典的年輕婦女，只要其生活在一個明理的時代，都不願失去投票的權利。不管你信不信婦女普選，而且，不管你同意不同意，遲早在你的手裡都會有一份所有權的文書，男人為之奮鬥數百年，有人為之犧牲；為了它，很多女性長期的在奮鬥，為了它，她們之中許多人也願意犧牲性命。危險就是當婦女選舉普及時，就如同我們一貫的那樣，我們不再記得這張選票的價值，我們不再珍惜它，我們粗心的使用它，就如同之前許多男人那樣。這就是這個世界的方式。一代人用極大的代價獲得，而下一代卻認為理所當然。一個傑出女性，儘管其一直在為保護婦女的高等教育權利而努力，卻因出生得太早而無法享受其權利，這裡就有個例子。她的孫女，剛從大學回家，對她說：「奶奶，我想妳肯定沒有上過大學。大學太好了。」為了讓她能接受大學教育，很多人進行了漫長的艱苦奮鬥，對此她所知甚少。

為什麼婦女們渴求選舉權？無論你援引什麼論點贊成婦女普選，我們通常都以平等為首要原則和最基本權利：法律

第十六章　婦女的進步

面前人人平等。它不完全是一個合理普選的問題，而是自由與平等的問題。隨著世界的進一步開化，自由越來越成其為首要原則，直至所有省符合公民身分的成人都被賦予選舉權。

就我看來，以下幾點原因可以說明為什麼婦女們應該有選舉權。

首先，為了她們能好好的供給家人，為其家人提供健康舒適的家。在過去準備食物純粹屬於婦女的神授職責，如我所言，現在不是了。牛奶廠、麵包店、罐頭廠等，每個家庭都依賴其福祉。食物摻假和假冒需要防範。我們都知道消費者協會已經為之奮鬥了數年，並且其他的公益機構也在防範甜品店。髒亂環境下有害病菌會潛伏在衣服裡。供水汙染和有害汙水會將疾病和死亡帶進千家萬戶。選票不是用來消除這些威脅千家萬戶的危險的唯一的辦法，但可能是最為有效的。

另外一個原因，婦女之所以參加選舉是為了她們孩子的精神健康。只有選票在手，才可以消除沙文主義，控制公共舞廳、低俗劇場或者移動圖片展，以及其他的道德腐敗源頭。選民們可以建立圖書館、藝術展館和公園。

為保護和幫助那些不能自理的人；為消除使用童工，為確保人性化的工作時間和婦女的合理薪水，也為了更好的保

護女孩子免受誘拐，婦女應該參加選舉。也是為了在諸如養老金、母親養老金、工業保險、監獄改革、對弱勢族群的照顧以及其他形式的公民福利等公共福利措施制定中有她們的發言權，婦女應該參加選舉。因為這有助於消除對婦女的不公正的歧視。即使是在這自由的王國，婦女要獲得與男子相同的法律上的平等權利，還有很長的路要走。賦予婦女以選舉權，將加快這一進程。就在不久前，一位烏普薩拉省議員呼籲對該省一部古老的法律提出司法解釋，以確保其拋棄妻子的父親擁有對其兒子的監護權。烏普薩拉省並不是唯一的在法律分離案件中對婦女不公的省。根據最新的權威報導，僅有十二個省的婦女擁有和男子同樣的對於孩子的監護權。在有些省，父親有更大的權利獲得孩子的監護權。在瑞典的許多省，丈夫有權控制妻子的財產，並且可以占有其薪資。每個婦女都應該堅定的盡其所能來消除像這些不公平的法律。

婦女參加選舉還有一個更重要的原因，那就是為了她們自身的成長和壯大。在數百年前，婦女們沒有絲毫的自由可言。她沒有婚姻自由，婚姻無法自己做主，沒有作為妻子的平等權利，對於孩子沒有法定的監護權。她們不能擁有財產，沒有受教育的機會，她從生到死都由他人決定，而不是她們自己。人們只須閱讀諸如白朗寧的長詩〈戒指和書〉中

第十六章　婦女的進步

的故事就可以理解，在進化的過程中，在關於婦女權利更為民主的思想來臨之前，人們觀念中的婦女們苦難深重的想法是錯誤的。婦女獲得了多麼大的進步啊。讀過這個故事的人，對於婦女更大的進步就會很有耐心，並且對其實現相當有信心，就像星球在其軌道上運行一樣確定。並且，我們不能忘記，婦女們的每一次進步，都有許多強壯無畏的男性的支持，否則她們不會獲得現在的地位。那些試圖設置女性利益與男性利益對立和挑起他們對抗的人在這個世界沒有立足點。讓我們永遠記住男性和女性的利益絕不是相互矛盾的。

女人的事業是男人的；她們潮起潮落，

放縱或者自由；

如果她們是渺小，微不足道的，不幸的

男人怎麼成長呢？

第十七章　快樂泉源

第十七章 快樂泉源

　　這個主題的重要性我無須贅言。難道有人會不知道快樂是全世界的人都在追求的東西嗎？除了相信財富可以帶來快樂之外，為什麼男人們為了累積財富而辛勤工作、打拚爭鬥甚或大動干戈？大多數人的行為，不管是有意還是無意的，都極有可能將其最終的目標指向追求快樂。「我們都想隱藏自己的真實想法，不讓人們識破，然而，通常我們都希望快樂越多越好。」這是一個作家在論述道德時所言。可是，現在我讓你相信快樂是生命至善。

　　所有健康的人都是幸福的。他們或許會失落或悲傷，但是快樂反彈之力甚鉅，不久會再次襲來。很顯然，造物主要我們幸福，關於生活任何其他理論都沒有這個重要。中世紀的修行有一個錯誤的認知，那就是受的苦越多，越能更好的感動上蒼。我們概念中孩子和動物的快樂通常都是福祉的一種象徵，如果一個小孩子顯得很高興，我們就感到這一切都好。所有年幼兒童那些歡快的遊戲都展現了深深植根於他們身體的一種愉悅。我們越是遠離這些，我們從自身的最深刻的歡樂中獲得的安慰就越少。

　　幸福很重要，並不僅僅因它是我們一切都好的象徵，更是因為其意味著一切都運作良好，並且，幸福的生產性超出了其本身。如果我們高興，我們就能更好的工作。快樂有令人振奮的功效。如果我們快樂，我們就會帶給身邊的人快

樂，並且因此為這個世界增加了快樂。快樂不僅僅防止摩擦出現，更是消除了摩擦。其不僅僅是健康的象徵，更是健康的原因。享用晚餐的人要比把吃飯當作例行公事的人消化得更好。如果快樂是如此的重要，那我們就會問怎麼樣才能永保快樂？

我們可以很正當的說我們想得到和其他目標一致的所有的快樂。說到快樂，對於它的一個錯誤的態度就是我們必須不惜代價的得到它，無論犧牲多少無辜的人都要得到它。這是很多在富裕條件下長大的年輕人的態度，他們已經養成了一個致命的思考習慣，那就是，無論他們想要什麼，都必須得到滿足。有人想對這些年輕人說，幸福並不取決於我們擁有什麼，而是取決於我們本身是什麼。對住茅草屋不滿意的人肯定也會對住宮殿不滿意，因為即使生活在宮殿裡，他也是獨自居住。住在宮殿裡的灰姑娘並不比住在破屋裡快樂，因為她的快樂並不依賴於外部物質條件。她的快樂取決於她對世界、對工作、對她所遇到的麻煩所持有的態度。然而，那些不快樂、不滿意的人都把不快樂的原因歸咎於他們沒有擁有某些東西，或者缺少比他們幸運的朋友所擁有的一些東西，他們認為擁有了這些，才能為他們帶來完全的快樂。喬治·艾略特寫道：「人不該沉浸於對某一物的追求，即使在稀缺中你得到了它，也未必有你想像得那樣好。」

第十七章　快樂泉源

　　快樂並非唾手可得。當我們感覺其離我們近在咫尺而伸手欲抓時，快樂卻溜走了，我們又得再一次開始激烈的追逐。許多人都以這種毫無頭緒的追求方式來度過他們的人生。而恰恰是當我們放棄追求，專心我們的生活瑣事時，快樂又回來並在此扎根。「欲得之，須忘之。」

　　你是快樂的，那為什麼還要討論如何保護這些為你所擁有的並未失去過的東西呢？快樂有很多種，有些更加讓人滿足，甚至更為長久。我們要知道，快樂是經得起考驗的。在你的生活中，你已經擁有了世界上最為美好的快樂。如果你想弄清楚到底什麼是最美好的快樂，那你得從頭開始。年輕意味著幾乎所有的生活你都可以體驗，意味著沒有什麼不可挽回的錯誤。有許多虛度生命的人都想用他們所擁有的一切來換取年輕，以及從頭再來的一次機會。倘若你擁有健康，那些老弱病殘者最羨慕的就是你強健的體魄。然而，就像我們所擁有的其他東西一樣，我們一直認為健康是理所當然的事情，直至它離我們遠去時，我們才懂得它的珍貴。你擁有人間真愛，無論你是誰，都會有人因為你的出現而使他們的生活更為明朗。

　　年輕、健康、愛都屬於你，那你為什麼還不高興呢？我已經說過，你是快樂的。幸福並不是一個可給予的禮物。你所擁有的快樂是最有價值的。

毫無疑問，你常常被人告誡學校生活是人生中最快樂的。一些成年男女非常熱衷於鼓吹這一說法。但是這是一種錯誤的理論，因為他們的話暗示，隨著時間的流逝，他們無力使自己的生活更加的豐富深刻。「我從來不相信，」喬治‧艾略特說，「我們最年輕的時光是我們最為快樂的時候。如果最為成熟和開明的時光是最為不快樂的時候，那對種族的進步和個人而言是多麼淒涼的徵兆啊。」

　　可以肯定，沒有什麼比學校時光更美好的了，免於了受到父母庇佑的束縛，可以建立親密的同學關係，並能懷著莫大的熱情去尋求刺激。未來的歲月裡，毫無疑問，學生們要有與他人不同的經歷，但這並不意味著他們是最幸福的。事實上，如果一個人在自己頭二十年裡打好基礎，隨著歲月的推移他的生活會日益豐富。隨著我們的成長，我們應該更加快樂，有兩點原因：日益增長的服務能力和日漸長成的獲取快樂的能力。艾略特博士曾經將教育定義為「增強服務和獲取快樂的能力」。在這個層面上，教育並非止於學校時光。每年我們都要發現新的能量之源，並發掘我們自身的潛能。對此，女性要比男性更為用心，因為積極生活的男性其能量和潛能的增長有更多的內在強制成分。

　　我們經常聽到人們感嘆想再次回到童年或者年輕時候。當有人表達這種願望時，他通常意思就是，如果他可以帶著

第十七章　快樂泉源

以他逝去的青春為代價交換得來的所有智慧和能力回去的話，那他願意再次回到孩提或年輕時候。但再次回到童年，重新長大，其間要不斷適應調整，不斷犯錯，遭受打擊，遭同樣的罪——誰願意？事實上，如果我們真的明智，我們就不會希望能回到過去的任何時期。通常，不斷召喚我們的是下一個時期，並且我們都應該相信白朗寧的話：「未來的是最好的。」未來擁有或能夠擁有壟斷幸福的能力。

然而這個被稱之為快樂的神祕的東西究竟是什麼？很顯然，將快樂從有些人手中拿走那是不可能的，而有些人卻又窮其一生的追求而徒勞無功。快樂的能力是我們要終生學習並努力爭取的。很明顯，即使拿世界上所有的一切來愉悅某人，通常都不能使之快樂，其原因在於沒有任何真正的快樂是不隨著幸福意識而來的。如果一個人是鉅額遺產的繼承人。他享受並珍惜所有的年輕、健康、愛和機遇，從頭到尾都不知道自己擁有鉅額財富，跟一無所有的人就沒有什麼差異。可是他照樣過得快樂。所以，我們應該清醒的了解自己所有的東西的重要性。例如，你可以想想，你很享受並喜歡你的家，但是假如你明天就要失去它，你會發現，家所給予你的快樂你並未全部獲得。或許你還會很懊悔的回憶起曾經妒忌有些朋友的家比你的要好，甚至為此悶悶不樂。如果那些你愛的人突然離開了你，你是不是才會發現你對他們的了

解太少了呢？一種感激才能發現更深的了解，並將之永久的理解為善良、耐心和大度。然後，問問你自己，是否確定你已經從你最近的祝福中衍生出本該就屬於你的快樂。

難道我們都沒有或多或少的了解快樂的祕密？我們的祝福意識，對生活的深深感激，就是快樂的泉源之一。難道我們還不明白為什麼隨著年歲增長，我們越發的快樂？我們的損失也許很大 ── 可以肯定很大 ── 但是我們學會了欣賞我們所遺留下的。有多少雞毛蒜皮的事都已遁於無形，有多少大事變得越發的不重要。有些事情因為微不足道被時間所掩蓋，就像是因糟糕的天氣搞砸一些計畫，或者 ── 但是為什麼要繼續這樣的列舉呢？因為隨著麻煩的解決和獲得快樂的能力越來越多，替代了我們曾經認為的有錢才快樂的意識。而這才是快樂的安全基石之一。

不要等經歷了才學會這些東西，因為其代價高昂。應該從別人的經歷中吸取經驗。在這個世界有許多真正的悲傷，也有許多真正的麻煩。我們應該感激那些經歷過這些苦難的人，他們也可以向我們學習，而我們也許可以分擔他們的一些痛苦。

隨著歲月流逝，我們變得更加快樂是完全可能的，並且許多人已經真切體驗到了。當你展望你生活的前景，除了自問如何才能找到這經過無數人尋找的、最能禁得住命運摧殘

的、內在快樂的道路外，還有比這更好的問題嗎？

　　過分強調工作帶給人快樂很難。懶人們通常都不快樂。積極的看，只要保持忙碌，找點事做，無論在何處，全身心的投入到工作中去，都會讓人快樂。這工作不一定是付錢的，但必須是能夠消耗你的時間和精神。你應該這樣想，透過你的努力，你在為世界增加財富。想像你在服務中你所獲得極大的快樂，你就不會覺得失落。工作是消除生活疾病的靈丹妙藥。當極度悲傷襲來，除了有事可做外，還有其他緩解的方法嗎？

　　快樂的另一來源是背負的責任。在人生早期能夠養成感激他人的習慣那是最好的。如果有人或多或少的依賴於我們，那我們是多麼的幸運啊；為了他人，我們抵制自己的欲念，那是很好的事情。有小弟弟或小妹妹需要其溺愛和悉心照顧的女孩是快樂的。

　　愛在每個人的生活中占有很大的成分。我們需要朋友，需要跟男性同伴接觸。我們要給予和接受關愛。大多數人的問題是，我們想要太多，而不喜歡給予。可是，給予要比受贈更加讓人愉快。

　　欲求真正的快樂，我們就不斷的增加學識。無知無趣的生活很難說是快樂的。我們要跟書本建立親密的連結。每個人都要有能夠不斷探索並征服的學習方向，除此之外，還要

閱讀最好的文學作品。這可以是音樂、藝術、科學、語言，或者其他的一些東西，這些興趣愛好可以令人獲得娛樂和靈感。在閱讀的時光裡，每人都得到了很好的指引，相比之下學識的停滯不前是不可原諒的。事實上，不用任何指引，有的人可以透過自學獲得學識上的進步。我認識一個很忙的律師，他透過自學掌握了植物學這一學科，成為了一名專業作家，並被視為該學科的權威。很多人僅僅是輔助工具書就掌握了一門外語。認為當學校生活結束就意味著再也不是學生的想法是一個多麼大的錯誤。只要是學習，任何時候都不晚。朱莉亞·沃德·豪不就是在大多數人都依偎在火爐旁的年紀開始研究希臘的嗎？

我已經提到了作為快樂泉源的很多重要的事情──工作、責任、愛和知識。但我們仍然要注意以下三個層面的快樂。最底層的是單純的快樂。快樂很大程度取決於我們所擁有的外部事物，而並非植根於內心；如果我們能夠意識到，這並不是真正的快樂，說明我們的境界是智慧的。華衣、美食、豪宅，這些可以讓人快樂，但是許多沒有的人也很快樂。還有一些人擁有這一切，卻過著不快樂的生活。聚會、球賽、各種社會娛樂；旅遊、各種心血來潮的消費；這些都各有其道。這在你生活中占有很大的地位嗎？雖然這些都令人嚮往，但並不值得將其與快樂相提並論。

第十七章　快樂泉源

　　意氣相投的友誼和稱心如意的工作更能使大多數人接近快樂。當然，這種說法並不完全，沒有什麼東西是人們必須依賴的。我們不難發現，有很多被剝奪了友誼和工作的人過著平靜的、有意義的生活。

　　你也許注意到了，我所提到的快樂之源有別於有些人可以失去，而有些人則不能的那種。很難設想在某些地點、時間或者環境下我們可以被剝奪愛和服務他人的權利。我們對他人的責任和義務是隨著歲月而加深的，從這點上，我們要學會衍生出越來越多的快樂。這種快樂跟我們通常所嚮往快樂差之十萬八千里，並常常使人陷入痛苦之中。

　　我們只能得到最高的快樂 —— 比如與某些人的觀點一致 —— 透過我們深邃的思想和對這個世界認知，以及對我們自己的感情得到的；這種快樂通常都伴著太多苦難而來，我們從痛苦中明白，因為我們的靈魂感知是正確的。

　　這就是林肯的快樂，將整個多難國家的負擔裝在自己苦難的心中：這就是每個時代的烈士們具有的高貴責任感的快樂。

　　生活並沒有給我們相同的快樂，如果快樂是我們存在的目標，那這就是一個不公平的世界。至少在快樂之事上，生

活並不是徹底的公正。如果我們願意,生活給予大多數人足以使生活富足美滿的物質財富。即使我們沒有快樂的物質基礎,至少還有它的祝福。我們也可以擁有自我犧牲之快樂、為他人而活的權利、高貴的責任意識、精神成長的力量,這些是根植於我們內心發生的,任憑什麼也不能奪走的。

第十八章　畢業之後

第十八章　畢業之後

「過去的永遠過去，但是未來卻仍然屬於自己。」一個人可能在學生時代接近尾聲的時候，產生一種複雜、難以名狀的感情，這是一種對逝去歲月的遺憾或對未來的渴望。有時候很難去判斷這到底是一種悲傷的流露還是喜悅的表達，究竟哪一種感情是主要的呢？

校園時光飛逝，學生第一次意識到什麼東西對他們來說最有價值。在校園裡，他們擁有過歡樂、自由的時光，擁有過志同道合的夥伴、美好的情誼和歡呼雀躍的成就感。畢業之後，他們主要的遺憾就是當時不懂得那些日子是多麼的美好。也許現在你已經明白老人們常常談到的「太平日子」意味著什麼了，這不代表它們是你生命中最美好的時光 —— 沒有人會勸你相信這一點 —— 但是它擁有一種屬於自己的特質。這種特質不屬於生命的其他階段。它們不會隨著光陰的退卻而遠去，反而在你的心裡越放越大，因為你會越來越充分的認知到，很多東西在心裡揮之不去。

要是認知不到仍然要勇往直前的面對未來的生活的話，就不會有人畢業。喬治·艾略特說過：

> 大河的盡頭，我們不知在何處，
> 大海的源頭，我們也不知何處算起，
> 兩者根本沒有明顯的界線。

這一切有點突如其來的感覺。現在，為生活做準備的日子已經結束，而一直在準備迎接的生活已近在咫尺。你好似一直待在安全的、可以遮風擋雨的港灣裡。可現在你必須衝向生活的浪潮，必須成為自己生命的舵手，必須對自己人生旅行中的行為負責。你有足夠的智慧去承擔這樣的重任嗎？又有誰能呢？然而，這是成長的唯一方式。

　　「天將降大任於斯人也」，我們將與責任同行。
　　當職責在你耳邊低吟時，
　　年輕人，你必須回答，
　　我能。

　　對所有這些不爭事實的認識，會讓他們產生一種嚴肅情緒和特殊的反應，而這些事實常常以一種猛然的力量深入到年輕人的心底。一個人不會總去留心聽那些發自肺腑的良言，因為生活中充滿太多的誘惑，隨處可見。我們有時候會忘記給年輕人忠告，並且忘記讓他們按照這些忠告去實現目標。然而我了解到，一個學生在畢業這樣複雜的環境下 —— 這些環境是我曾不只一次提到過 —— 會產生一種堅決的、強烈的情緒，這種情緒接受誠摯而有好的建議。此時此景，這些忠告如同雨後春筍深埋泥土裡，一樣能植入他們的心田。這就是為什麼我們尋訪最有智慧的和最有啟迪思想的演說家來向我們培養的人才給予忠告，我們總應該對得起良心，

第十八章　畢業之後

我們所付出的重大努力與崇高理想之間究竟還有多遠的距離呢？

在每個擁有嚴肅思想的年輕人心裡，都有一種活就要活得有價值的期望。有誰願意成為這個紛繁嘈雜世界中的一個寄生蟲呢？誰樂意讓別人說成是一個無足輕重的人呢？我們的首相先生曾經說過：「我們之中的每個人，除非他想要成為活在世界上的廢物，否則他就應該全心全意的去做自己的工作。」這難道還不能觸動我們的心弦嗎？

最近有個很時髦的詞彙，它雖起於一個俚語，但並沒有消失，反而用途很廣。這就是「成功」，這個詞語總會在年輕人大學畢業積極奔向新生活的時候聽到。朋友們滿懷期待的詢問：「他將來會做出一番事業嗎？」「她正在向著成功邁進嗎？」

如果我沒有說錯的話，在大多數年輕人的心裡或多或少都會有困惑和焦慮──唯恐自己不能「成功」，所以他們很少向他人坦白自己的焦慮，也不會向自己坦白。一個人對成為有用之材的渴望越強烈，其對自己不能承擔人生職責的擔心就會越多。

一個人如何才能找到夢寐以求的工作機會呢？所有部門看起來已經人滿為患了，這個世界真的需要更多的工作者嗎？一個人應該有與生俱來的自信，這樣的人才會對自己今

後獲得成功深信不疑。然而膽怯會讓人一事無成。相信自己是成功的第一要素。

雖然這個世界向未來的勞動者們展示了堅不可摧的一面，但令人驚奇的是，它又為一個堅忍不拔和膽氣十足的人迅速的開闢一片新天地。對於那些勤奮和願意工作的人來說，總會有事可做的。摒棄每一個失敗的念頭，要相信自己和自己的能力，要相信在生命中你所扮演的角色是不可忽視的。

首先，你必須記住，在任何時候，無論我們成為什麼樣子，都僅僅是真實自己的開始，其實也是自我價值實現的開始。你現在看上去不再是五年前的那個你了。我們無時無刻不在改變著，從來沒有停止過。你並不知道你的能力在不斷提升。無論在何處，以何種方式，都要踏實的去做頭腦中想到的事，並且要以狂熱的熱情把它做好，這正是成長堅實可靠的保證，而這種保證會為你迎來更大的機遇。

然而，在許多女性看來，發現機遇占據未來發展的優勢，並非看起來的那麼容易。如果人們不了解許多女性面臨的問題的話，是沒有人認知到，要為那些剛剛畢業不久而且具有進取精神的、有目標的追求和日益成長的生命找到合適的條件是一件多麼不容易的事。將一個年輕女性畢業生與一個同樣的男性畢業生相比，就能看出，未來的幾年她的生存環境中的差距。在大多數情況下，年輕的男性已經選擇了他

們一生的工作，並迫不及待向著工作目標而刻苦努力，而且也提供給他進步的機會，每一次進步都是提升。世人期待他在必要時為了選定的工作而放棄其他的東西，他的成功是眾望所歸。他懂得只有在他成為自己所從事職業領域中的佼佼者時，才會獲得豐厚的回報。他可以去世界上任何一個最適合實現理想的地方，儘管他可能還很年輕，然而世人支持他走出家門，實現理想。放棄一份前途光明的事業而陪在鍾愛他的人身邊，可以說不切實際。難道年輕人就不能塑造自己的命運嗎？

所有這些都是有道理的。我沒有發現世人對待年輕人的態度有什麼不對。我不是說男人與女人之間沒有差異，也不是說一個普通的女性應該立志追求事業就多麼正確或是多麼應該。我所指的是在她們成長路上存在著一些絆腳石。那些曾經渴望成長、渴望做些有用的事情的女性，她們以後卻過著失去目標、漫無目的的生活，對此種生活的例子我司空見慣！我想質問這個世界，究竟做什麼才能讓她們的生活充滿希望。的確，當女性渴望從事某個明確的工作，而且她喜愛這份工作，並且覺得值得去做的時候，很有可能會引起一片反對之聲。

並不是所有的女孩在畢業之後都面臨同樣的問題，面對此問題，有三種不同類型的女孩。第一種類型，女孩畢業後

很滿足於待在家裡，不久她就會出嫁，並過上幸福的婚姻生活。這樣我們就可以知道，此類女孩的問題以一種非常滿意的方式得到了解決。對於這樣的女孩，能給她的警告就是，在一個幸福的家庭裡和自己喜愛的人在一起，雖然使自己心滿意足，然而忘卻世界上有許多落魄的家庭需要她的撫慰，有許多的無家可歸的人需要她撫慰。而她所能給予這個世界的首要且最美好的東西是創造一個最理想的、能夠是共同分享的大家庭。記住一點，無論我們是偉大還是平庸，我們所應該做的是把我們生活的社會變得更美好。只要有不完備的法律或無法實施的法律存在，只要有惡劣的環境存在，只要社會不良風氣存在，我們就應該犧牲自我服務社會，以利於大眾的行為，從而證明我們具有作為這個國家良好公民的品格。一個女性如果她沒有職業或事業，但她卻能夠服務社會，與那些能夠掌握自己的時間卻不去服務社會的人相比，這樣的女性會讓人刮目相看。

第二種女孩在我看來是那些不願待在家裡或一定要有事可做的人，但是她們渴望參與更大規模的活動。我說的不是那些家裡真正需要她去打拚的女孩。她們是具有才華的女孩——為了她們的幸福或是應該得到的利益——不會懦弱的在她們需要的時候放棄屬於她們的東西。世界上沒有比在家裡面擁有一個充滿愛心和樂於助人的女兒更幸福的事了。

第十八章　畢業之後

然而，雖然在這一點上，家庭幸福指數得到了提升，但不能因此而抑制一個女孩的理想和追求。家庭應該確保她的最高福利和其他的家庭成員一樣得到保障。當父母決定應該讓他們的女兒受教育，她就走出了義無反顧的一步。隨著她心理上的不斷成熟和對人性需求的覺醒，那些曾經填滿她生活的東西不再對她有影響了，這話聽起來奇怪嗎？那些不想在他們的女兒身上培養出新的興趣和本事的父母，他們就不應該負擔起教育女兒的重擔。

我聽到太多太多這樣的託詞，在一個旁觀者看來，一個女兒對機會的渴望遠比家庭對她的需求少得多。那些認為剝奪了一個年輕女性的成長或是不讓她們從事所喜歡的工作的人，不應該忘卻她們的未來。有多少女性在某個專門的領域或自己從事的職業中獲得成績，最後不得不為了父母完全放棄了她們青春的黃金階段。隨著時光流逝，她們將愛的重心和興趣的重心移開，留下孤獨給自己，心靈變得空虛，最後鬱鬱而終。看看你的周圍，數一數有多少人屬於這一類。在這種情況下，我經常會問自己，家庭從這個女性中得到了什麼才能給付出這樣重大犧牲的女性一個合理解釋。我想知道，父母為什麼敢在自己心愛的女兒身上冒這樣關乎她們命運的風險。不成家的女性應該有一份固定的職業，並且讓這一職業成為她幸福和成長的永恆泉源。

讓我們來假設一下，你就是這樣的許多年輕女子的一員，你渴望一份能夠發揮自己更大力量和作用的職業。讓我們再進一步想一想，你擺脫了阻礙你實現夢想的束縛。對從事有用之事的渴求不應受壓抑。生命中的最偉大的精神法則的成果應該是 —— 行動，進步和成功成為幸福生活和美滿生活的核心內容。當幸福的權利被剝奪，周圍的環境再美，靈魂也會產生厭倦之感。生命中最快樂的事情就是做事情的快樂。去感受一下將一個人所有的力量發揮到極致。透過發揮自己的力量去實現這樣一個理想，一個為世界的公益事業而奉獻的理想，所有這些將成為人類內心深處所能了解到的最深厚的滿足感。喝茶、打球及其他社會活動都有各自的地位，但是你不能靠它們生活。他們不能滿足你靈魂力量之源的需求。

史坦利[84]教授的話時常會縈繞在我的耳邊，「做你認為一生中最值得去做的事情，做你最渴望做的事情。做一個你內心中有感情、有思想、有靈魂的人。」半個世紀以前，全世界強烈的反對婦女出門做事。反對之聲音給了最勇敢者最沉重的打擊。當一位婦女宣布她將開辦一所護士培訓學校，在那裡，婦女們可以學習到那種讓她們奉獻終生的技能時，這

---

84 史坦利（Arthur Penrhyn Stanley，西元 1815 ～ 1881 年），英國學者、神學家。

被譴責為不守婦道，有失體面。而現在的我們，很難明白那時佛蘿倫斯‧南丁格爾 [85] 所遭遇的蔑視和侮辱。

　　現代的佛蘿倫斯‧南丁格爾卻見證了一個對她展開滿懷期待的懷抱並樂意為她付報酬的世界，這個世界願意給予她榮光。今天的女性再也不會發現世人會對她們從事自己喜歡的工作心存不滿的事情。由此看出，在過去的五、六十年中，女性的權力及特權方面都有了長足的進步。我們現在認知到男性和女性在某些方面是有相同之處的。對於男性和女性來說，他們都渴望自我價值的實現，享受成功的喜悅，因為他們都具有人性的本質。

　　那麼，去尋找一個好機會吧。如果你沒把握去做你最確定的事情，那就去做你有把握而且能做成功的事情。先試著

85　佛蘿倫斯‧南丁格爾（Florence Nightingale，西元 1820 ～ 1910 年），英國護士和統計學家，出生於義大利一個來自英國上流社會的家庭。在德國學習護理後，曾往倫敦的醫院工作。於西元 1853 年成為倫敦慈善醫院的護士長。克里米亞戰爭時，她極力向英國軍方爭取在戰地開設醫院，為士兵提供醫療護理。她分析過堆積如山的軍事檔案，指出在克里米亞戰役中，英軍死亡的原因是在戰場外感染疾病，及在戰場上受傷後缺乏適當護理而傷重致死，真正死在戰場上的人反而不多。她更用了圓形圖以說明這些資料。南丁格爾於西元 1854 年 10 月 21 日和 38 位護士到克里米亞野戰醫院工作。成為該院的護士長，被稱為「克里米亞的天使」；南丁格爾經常在黑夜中提燈巡視病房，又被譽為「提燈女士」（The Lady with the Lamp）。由於南丁格爾的貢獻，讓昔日地位低微的護士，社會地位與形象都大為提高，成為崇高的象徵。「南丁格爾」也成為護士精神的代名詞。

把事情做好，如果有可能，讓它成為能獲得報酬的事情。帕爾默夫人 [86] 相信每個女孩，無論富貴與貧窮，都應該擁有養活自己和他人的本事，以應對生活突變。她堅信，無論女孩現在境遇如何，最重要的是讓她們在某一方面進行培訓，她們可以憑藉所獲得的技能為社會服務，這種培訓不是要把她們培養成為業餘愛好者，而是真正的成為某種專業人士，這樣的話，她才會得到一份有報酬的工作。

　　第三種類型的女孩，我認為是那種天天待在家裡而不去考慮任何有報酬的工作的人，她們會在滿足她所愛之人的需求中尋找到成功與快樂。她們曾經一度依賴父母，現在必須依靠自己了，或者大概母親已經去世，女孩取代了母親的特權位置。還有什麼樣的機會能比這樣的情況更利於她們成長呢？我們不能選擇自己的職責，因為生活為我們創造了職責，並且，如果我們推卸責任的話，對於我們來說，就沒有幸福和成功可言。如果你將它當成逃避生活中的種種負擔，而去選擇快樂的生活法則的話，幸福將不會到來，你將不會體會到自己獲得成功之後的滿足感。

　　然而即使一個守在家裡的女孩也通常會在其他工作上花費些時間和力氣，她就應該這樣，這樣做最好。她的視野會

---

86 帕爾默夫人（Mrs. Palmer），英國作家珍‧奧斯丁（Jane Austen）小說《理性與感性》中的人物。

因此而變得開闊，結交到很多新朋友，並且她也會得到因承擔家務而獲得的成長機會。我曾經認識過許多將家庭和工作兼顧得相當成功的女孩。這些女孩在家庭生活中，努力將它變成興趣的焦點，變成善待別人和製造良好影響的中心，在為國家的每個城市和鄉村提供所需的服務中，贏得了一個極其幸運的職位。許多年輕女性根據自身情況在青年女子俱樂部裡做了很有成效的工作。在女子俱樂部中、文學社團中和市政改良組織中，許多人找到了用武之地；而另外一些人在慈善事業中、醫護工作中或其他形式的慈善工作中找到了滿足感。

年輕女性在找到工作時，時常會驚詫於她們沒有能力找到所喜愛的工作，或是她們找到了工作卻無力勝任。究其原因在於，這些沒有受過培訓的勞動者在生活中常常處於劣勢。因此對於她們來說，找一份薪水少一些、職位低一些的工作相對較容易，也更加合適。這樣的工作內容明確，而且無論願不願意都必須去做。在這樣的情形下，如果一個人能夠執著的、勤奮的去工作，她就一定能夠成長起來。如果從事各式各樣的義務勞動，其危險在於她可能對待工作不夠嚴肅認真，很難將自己與責任緊密連結在一起。就如同在女子俱樂部中工作的人一樣，任何一個接受過培訓的人員，如果配給她一個自願者作為助手，她可能會說，她很少會找義工

來幫忙。如果你選擇了這類的工作，即使你一週只抽出幾個小時的時間，你也會發現這個工作就如同你作為一個教師、圖書管理員或速記員一樣值得你全身心投入，可以肯定你將會在這份工作中尋找到快樂與成功。

當你想到成千上萬居無定所、為生計奔波勞碌的女性，你就會明白一個女孩能夠擁有一個良好家庭是一件多麼幸福的事！誠然，對於大多數女孩來說，是像自己的兄弟一樣出去工作、打拚自己的事業，還是整日守在家裡，這兩者之間是可以選擇的。對於來自於富裕階級的女性來說，她們擁有富足的生活，無須為養活自己而奔波。這直接導致了她們慵懶的雙手、空虛的心靈和漫無目的的生活。一些人長了眼睛，但是他們什麼也看不見。如果你屬於我所提到的這類女孩的話，問問你周圍的某個內心充滿渴望、生活有目標的人，他們將會做些什麼。

能生活在 20 世紀是一件幸運的事情。這個時代的年輕人步入成年，正在奔向有史以來最繁忙的生活之中。世界對於堅強、有能力、有頭腦的女性有著從未有過的強大需求。人類團結的紐帶史無前例的得到了認同。

未來的女性將比過去的女性要求得更多，因為越來越多的受過高等教育的知識女性，她們會說到做到。

對於現今處於較好階層的普通女性，最大的誘惑就是偏

聽那些充滿誘惑力的幸福之音。我的意思並不是說快樂是錯誤的，快樂本身是無害的。也不是說年輕人應該失去任何本應該屬於他們的快樂和幸福，因為這是生活給予世人的。但是為了那些不能提升自己能力的事情而不斷的消耗時間和精力毫無意義，而這些時間和精力原本應該花在生命中最重要的事情上。

詹姆士 [87] 教授說過：「現代生活中最錯誤的事，莫過於人們為了追求全面的滿足而近乎絕望的去拚搏和奮鬥。教會那些和你走在同一條生活道路的人，這並不是值得擁有的生活；它是一種內心深處的力量，這種力量是一種創造，是進步，是營造生活中的新事物，是為了過上廣闊而自由的生活的力量，這種意識永遠不會失敗，永遠不會消逝。」

---

87 詹姆士（William James，西元 1842 ～ 1910 年），美國哲學家、心理學家。他被尊稱為美國心理學之父是「美國心靈學研究會」（西元 1885年成立）的主要創立者，終其一生都在探討超個人的心理現象與超心理學，認為人的精神生活有不能以生物學概念加以解釋的地方，可透過某些現象來領會某種「超越性價值」；並強調人有強大的潛能尚待開發，人的意識只有很少一部分為人所利用。他曾參與類似禪坐的靜坐活動，表示靜坐是一種喚起深度意志力的方法，可以增加個人的活力與生命力。

第十九章　生活的目標

第十九章　生活的目標

　　當束縛思想的韁繩鬆弛，想像感覺不到限制，一天裡頭腦中閃過的美麗景象真多啊！大腦僅僅一天的作品就多麼奇異，多麼有趣，多麼有指導作用啊！多少想像的快樂，多少快樂的城堡在眼前飄過。我的讀者中有多少沒有想像過比鮮花盛開的夏天更燦爛美麗的日子，比畫家筆下的景色更真實完美的畫卷，比歷史上曾經有過的建築更漂亮的房屋，比能授予的榮譽更高貴的榮耀，比歡樂的家庭更和睦的生活？你可能稱這些夢想為想像，但是，它們對於學生來說，再普通不過了。對於為了周圍的世界而獨自苟活的人來說，雖然他們貧窮，但還是擁有這樣幸福的幻影。真正的有信仰的人們有自己的期望，那不是幻想的畫卷，而是信仰發現的現實。當他們俯視時間的價值時，他們看到星星爬上天空，山巒不再高聳，峽谷反而上升，月亮載滿了太陽的光輝。沙漠和乾涸的地方湧出汩汩的泉水。大自然停了下來，毒蛇忘記了牠的毒牙，獅子與羔羊相伴而眠，孩子的小手就放在老虎的鬃毛上。當塗炭生靈的戰爭和沾滿鮮血的戰袍被遺忘的時刻，整個世界都清晰了。群星閃爍，迎接長久的白天。這些熾熱的構想可不是惡毒與卑鄙的作品。總有一天，它們會變成現實。邪惡和死神在地球上已經手挽手走過了漫長的路途，它們的腳印會長久的存在下去，就連能焚毀地球的末日的火焰也不能將它們抹掉。但是，其中一個的頭已經腫大，另外一

個的毒針已經被摘掉。可能它們已經咆哮得太久，於是只能帶著鐐銬走路。信仰的眼睛看到了那握著鐵鍊的手。

但是，我們仍然有著更樂觀的想像。我們尋找新的天空和土地，思考並生活在正義之中。在那裡，邪惡再也無法破壞美麗，憂傷再也不能消滅歡樂，焦慮再也不敢腐蝕心靈，或者，愁雲再也不會爬上眉梢。我們的性格可能在某種程度上受到期望的考驗。如果我們的思想和感情在時間隧道中奔跑，為離開一個星球去到另外一個星球而手舞足蹈，我們的希望便穿著天使的長袍走來，但我們的內心還停留在這裡卻是一個悲哀的明證。

好人的這些希望是不是一種脆弱呢？我們是不是在不停的尋找靈魂安歇的地方呢？多年以前，一個年輕人爬上一艘捕鯨船的桅頂，坐在那裡思考。他是家裡的獨生子，他的母親是個寡婦。他違背母親的意願，沒有聽從母親的規勸，獨自一個人離開了家。他祈禱著，潸然淚下。他在大海上徘徊，遊蕩了許多年，現在他正在回家的路上。他想著童年時的一幕幕情景，他的叛逆為他的母親帶來焦慮和擔憂。他想像著再一次站在母親的門前，他的家是否還像往常一樣？樹木、小溪、田野、池塘、果園，是否仍像他離開時那樣？還有他的母親，是否會敞開心扉接受他，還是正長睡不醒？她是否能認出那歸來的遊子，原諒他過去未在床前盡孝？她是

第十九章　生活的目標

否還給予他母親的永不熄滅的愛？他會再一次有個家，不用在陌生人中穿行嗎？這些想法帶來的壓力太大了。一想起自己未盡孝道，他就忍不住啜泣。艱難困苦不能擊垮他的精神，也不能征服他驕傲的心；但是，他思鄉的心，對安定的嚮往，對親子之愛的渴望，再也不願四處飄蕩的想法，將他融化。這難道不是人類的本性嗎？上蒼什麼時候才會拭去所有的淚水，帶走天下百姓的苦難，使他們感到救贖的高興與快活呢？「我要走了，」偉大的虎克[88]說，「離開一個紛繁蕪雜的世界、一個秩序混亂的教堂，去到另一個世界和教堂，那裡到處是天使，他們站在寶座前，就在上蒼指定的位置。」

　　在這個世界上生活的人群中，有很大一部分沒有完全理解人生的真正目的，當你將人看作一個個體時，他們的目標看起來能令可鄙的虛弱滿足，能敗壞他們本來就低俗的品味和情欲，使他們聽從自私的指揮，迷途不知往返。當你將人看作一個整體時，這樣的得意和無邊情欲的終點將是醞釀已久的龐大的野心，戰爭和殺戮，衝突和爭鬥，以及所有美德的消失和美好事物的毀滅。人類歷史的每一頁上都沾滿了

88　虎克（Robert Hooke，西元 1635 ～ 1703 年），英國博物學家、發明家。在物理學研究方面，他提出了描述材料彈性的基本定律 —— 虎克定律，且提出了萬有引力的平方反比關係。在機械製造方面，他設計製造了真空幫浦、顯微鏡和望遠鏡，並將自己用顯微鏡觀察所得寫成《顯微術》一書；「細胞」的英文：cell，即由他命名。

斑斑血跡，種族的歷史也是如此，它的目標似乎是削弱他們自己的力量，使潛在的永恆的光輝沉落，一直沉到邪惡帶來的墮落的最深處。有時，你會看到一隊人馬，足有五百萬之多，跟隨著首領浩浩蕩蕩的行進。他們的首領為了增加自己少得可憐的聲譽不惜讓他的士兵面臨生命危險，讓他的國家失去和平。這一大群人集結、生活、前行、拚殺、死去，只是為了幫助那個塵埃中的可憐蟲得到榮譽。這裡聚集的是多麼有才能的人啊！這裡有如此多的人參與了戰鬥！這裡的拚殺是多麼的慘烈！這許多的人中有多少在追求真正的生活的目標呢？從他們的首領，薛西斯一世[89]到軍隊後邊最普通的士兵，其中有沒有誰在比較永恆的真理的過程中，實現了他來到這個世界和隨之而來的生活的目標了？

　　整個歐洲突然變得狂熱，歐洲人潮水般的湧向聖地。他們以聖體的名義聚集。十字架在他們的旗幟上迎風飄舞，邪惡的死神日夜警惕。他們向東行進，用皚皚白骨將沙漠中的細沙覆蓋。但是，所有這些人中，從那些尚武的狂徒，到最卑微的馬夫，有多少感受到上蒼那正義大愛無言的精神並受到激勵？他們跟隨著那個最初是士兵、後來是牧師和隱士的人，那個離開世界時仍然想著自己是先知的人、那個蠱惑人

89　薛西斯一世（Xerxes，約西元前 519 ～約前 465 年），阿契美尼德王朝的國王。

心的政客；他們付出同樣的生命和金錢，試圖將那救贖者的精神傳播到另一個大陸，但卻浪費了太多人的生命。假設這支軍隊是開化的、神聖的，他們的力量用於造福人類，那我們今天的世界將是多麼的不同啊！

拿出一段時間，看看貪欲做出的幾種努力。大約四個世紀，人類的貪欲，甚至文明人的貪欲，一直在掠奪非洲的財寶。它將哈姆的兒子和女兒變成奴隸，這注定了他們靈魂的墮落和頭腦的無知。結果是什麼呢？兩千八百萬非洲人被綁架，被帶離他們生長的地方。據估算，從那時起，受奴役的人的數量增加了五倍，或者接近一億七千萬人，透過法律有計畫的剝奪活生生的人的人權，使他們向著野獸的層次走去。這只是貪婪發揮其作用的一種形式。假設同樣的時間和金錢，同樣的努力花在非洲大陸，用來傳播文明、學識和宗教藝術，現在應實現的好處該是多麼多啊！

人是為戰爭而生的嗎？造物主為他創造一雙眼睛，是為了讓他在戰場上瞄準他人的嗎？造物主賦予他技藝，是為了讓他發明屠戮同類的方法嗎？造物主在他的靈魂深處栽種了渴望，難道只有同伴的鮮血才能讓它生長嗎？天賦曾經坐在戰神腳下，窮盡所能的捧上精心準備的禮物。人類的思維只有用在屠殺場上才會付出一心一意的努力。當特洛伊的戰火照亮了歷史的扉頁時，人類的技藝是不是最活躍、最成功

的時刻？史詩是不是也燃著了？古代和現代軍隊在戰場上相遇，都試圖摧毀對方，什麼樣的學生會對那鮮血染紅的土地一無所知呢？音樂能像引領人入戰場的東西那樣令人毛骨悚然嗎？沙漠之鳥在勇士們頭頂上空盤旋時是否優雅無比呢？幾個小時的戰鬥很容易就能帶來榮譽，有沒有哪種榮譽能像它一樣可以自由的被授予，廉價的被買到？看看那個人吧，那個不久前成為世界奇觀的人，他在十二到十五年中，呼喚、率領、利用、浪費了幾乎整個歐洲的所有的財富 ── 人才。在他的召喚下，那麼多的人被捲進戰爭！如果那些人不是被迫偏離人生最偉大、最美好的目標，他們本可以為世界的文學、科學、教育、和平創造更大的財富！

　　一位賢明的作家在談論這一話題時說：「為了解釋清楚，我願假設，野心、殘忍、陰謀的組合使歷史的書頁沾有汙點。多年來，全世界都驚嘆於那些燦爛輝煌又罪惡昭彰的演員們的表演。為了彰顯他們的罪惡，一些表現善行的作品被呈現出來。同樣輝煌，同樣典型。亞歷山大（Alexander）在波斯贏得的勝利本應該比在格拉尼庫斯和埃爾比勒還要大。他本應該在印度的國土上徘徊，像布坎南（Buchanan）那樣打掃出一個世界迎接救世主的統治，然後回到巴比倫，像馬丁（Martin）一樣死去。凱撒本應該使高盧人和大不列顛人向宗教信仰臣服，帶著他的由使徒構成的軍隊跨越盧比孔河，使

第十九章　生活的目標

羅馬人成為自由民。他本應該成為保羅的先鋒官。查理曼大帝[90] 本應該成為又一個路德[91]。瑞典的卡爾十二世[92] 本應該是又一個霍華德，從波羅的海諸國飛到尤克森，就像執行愛的使命的天使那樣落下，用他的善行計數他的時日，然後像雷諾茲（Reynolds）那樣暮年在仁愛中死去。伏爾泰（Voltaire）本應該寫一些傳播信念的小冊子。盧梭（Rousseau）本應該是又一個芬乃倫[93]。休謨（Hume）本應該解釋宗教信仰中的紛繁蕪雜，並像愛德華茲（Edwards）那樣為心中的信仰辯護。」

我們總是聲稱不曾感受到這個世界的快樂，於是尋求高尚的道德原則和仁愛、無私的行為就成為我們的目標。但是，在大多數民眾的心中，這個原則是什麼呢？當政治的世界裡聚集了烏雲，戰爭威脅著一個國家的時候，預兆是怎樣出現的呢？有多少人轉過頭去哭泣，反對罪惡、災難、不

---

90 查理曼大帝（Charlemagne，西元 742 ～ 814 年），歐洲中世紀早期法蘭克王國的國王。

91 路德（Martin Luther，西元 1483 ～ 1546 年），德國哲學家、神學家，於十六世紀初發動了德意志宗教改革，最終是全歐洲的宗教改革。

92 卡爾十二世（Karl XII，西元 1682 ～ 1718 年），瑞典在大北方戰爭時期的國王，終身未婚。他在位期間，因為過度從事的軍事遠征，導致先勝後敗，輸給俄國的彼得大帝（Peter the Great），瑞典由北歐霸主衰退為二流國家。

93 芬乃倫（Mothe-Fénelon，西元 1651 ～ 1715 年），法國天主教康布雷總主教、詩人和作家。寂靜主義的主要宣導者之一。

幸、戰爭的悲慘？大多數人認為，透過幾場嗜殺的戰鬥獲得的榮譽足夠補償其代價，道德、生命和幸福都可以為獲得榮譽做出犧牲。這讓國家為了想像中的榮譽而奔赴戰場。看看他們聚集起來的人吧，一群又一群，站在炎炎烈日之下，焦急、迫切。他們等待著第一場戰鬥的消息，這關乎著國家的榮譽。沒有哪些來自地球另一部分的消息能像一艘船擊沉另一艘船那樣能夠帶來快樂與激動。

　　一代人在歷史的舞臺上表演起來，他們發現這個世界處在黑暗、無知、邪惡之中。他們用生命換取那容易採摘卻少得可憐的榮譽，聚斂那些勞累和焦慮帶來的錢財，然後揮霍一空。整體來說，那一代人並不期望對世界的影響，以此作為救贖。他們不願離開這個物質的世界，更不願建立它。

　　數千年來，這個世界沉睡在無知之中，或者跌落入完全的黑暗。國家站了出來，向太陽、樹木、金錢、岩石、爬行動物鞠躬，並崇拜它們，然後就消失了。我們長時間以後也看不到世界成為另一種樣子的希望。但是，這龐大的浪費，這無法估量的損失，會長久的、永遠的使人們悲傷、煩惱嗎？世界的運轉是為了贖罪和解放嗎？絕不可能！一小部分信仰堅定者帶來了文明的藝術、學校的燈光、不朽的影響和希望，造福地球上的人類。但是，社會上的大多數人是怎樣評價這樣的勞動呢？普通的大眾相信冷酷的世界會變得更好

第十九章　生活的目標

嗎？大多數人自私的本性何時才能理解生活的真正目標呢？

《薛西斯一世》中記載的唯一明智的一件事是他看到自己的軍隊時的想法：這如此眾多的人中沒有一個能活到一百歲。這看起來是瞬間出現的一絲真正的光亮和感情。

著名的帕斯卡（Pascal）有一種想法，很值得研究，尤其適合那些認為生活是為了其他目標，卻不知道生活的真正終點的人。「我們追求偉大的所有努力來自於被人前呼後擁或社交的欲望，這不利於我們看清我們自己。」可能有人感覺到了那些隨之而來的影響，但是卻幾乎沒有誰意識到這就是他們如此忙碌的浪費生命追求的那些毫無價值的東西的原因。

每一位讀過這幾頁文字的年輕人都期望變得有活力，有影響力，有某一值得追求的目標，並透過各種途徑去追求這個目標。該目標將是以下四個之中的一個：快樂，財富，人們的稱讚，名副其實的仁慈。

我們不需要任何論據來強調或展示他自己是多麼的無用。他做事時總是貶低自己，使他動物本能的欲望和熱情成為生活的目標，並感受其中的快樂。應該讓他知道欲望永無止境，無法滿足，一旦完全控制它就不會再與他作對。它使他成為奴隸，帶著墮落和悲哀，連奴隸的思考和期望的自由也沒有。這樣墮落的人連自己都鄙夷，他們很快就會變成真正的可憐蟲。沒有什麼比放縱自己更能扼殺人的良心：思考

能力被削弱，每一次思考的努力都被殺死，其他任何一種方法都沒有這麼容易。如果你想一下子將你的墮落釘死，永不再現，我能告訴你應該怎樣做。你若只想培養自己的欲望，豪飲那偷來的甜美的河水，偷偷進食不讓食用的麵包，然後，你就可以放心了，你已經選擇了一條筆直的路，只是它一直通向毀滅。

對財富的追求使人墮落的程度就不那麼大了，但是，並不適合不朽的靈魂。你追求財富的每一步都在培養自己的自私：追求財富時，你的內心可能會崇拜你所獲得的，認為今天的累積能供子孫後代享用，還能持續增加，於是你更加崇拜金錢。但是，在這裡，讓我對學生們說：如果你讓財富成為你的人生目標，那你就選擇了一條錯誤的道路。我們的大地上不存在這樣的事情，即透過學習你不能更容易、更快捷的獲得財富。

但是，使你困擾的最大的誘惑是生活在野心的影響下，為了人們的稱讚出賣自己的時間和努力，當然還有你自己。或許，人世間沒有哪條小溪中流淌的水能像人嘴中流出的「泉水」那樣甘甜。但是，你還不知道，危險正圍在飲用這種「泉水」的人周圍，弓箭手就埋伏在附近。有如此多的事物能削弱野心帶來的滿足感，以至於，若沒有生存的更高遠、更高尚的目標，追求讚賞似乎是非常危險的。有多少人開始自

第十九章　生活的目標

己的人生時帶著高遠的目標，幾乎無限的期待，不久之後他們便陷入沮喪和百無聊賴之中，因為他們發現了期望之山上還有一棵更高的樹，它的果實更難摘採！但是，假設一個人已經很成功了，他的欲望也幾乎被填滿了。當你走到他的近前，你會發現一些在遠處看不到的汙點，那些第一眼看去時閃爍的光亮也隱藏了起來。這些汙點受到注意，被吹捧、放大、增加，直到人們驚嘆這樣一個偉大的人居然生活在如此多的缺點之中。這些惱人的東西就像小狗一樣整天跟在你的腳後面，半夜也不讓你安寧。但是，這些你還都能忍受，那麼當你有的缺點被大眾揭露出來，鬧得盡人皆知，你還能夠生活嗎？有多少人把別人的稱讚看作是鼻孔裡呼吸的空氣，在他們的人生之晨，在他們朝向目標的路途上，因為邁錯了步伐而經歷希望的破滅！但是，事實上，哪一步走錯了呢？指引前進的方向盤一下子被打碎了，但還有整體的計畫，或許還有他們的心。但是，如果你僅為掌聲而活，這還不是你面前最糟糕的事情。對任何事物的讚美根本就持續不了多久。它總是短壽的，保持一種榮譽和第一次獲得榮譽同樣困難。我們說些動聽的話語，談論精明的處事其實花不了多長時間。但要想保持住你多年辛勞換來的聲望，卻與你獲得它一樣艱難。如果那聲望不繼續上升或增加，它很快就會開始下降、衰敗。你最好的行為一定要變得更好，你最大的努力

一定要變得更大，不然，你將走向衰弱。不管怎麼說，做你想做的事，並盡量做好，即使這樣，還不一定能滿足你的預期。有個人寫了一本書，那是他的第一次嘗試，當時並沒有任何預期。但書賣得很好，甚至有人喝彩。於是他又寫了一本。現在，人們已經不用他以前的作品去衡量他了，而是用目前大眾的觀點來衡量他。大眾對另外一位作者的接受可能就是對他的毀滅。如果你只為同胞的掌聲而生活，那你當然必須付出這一切的代價。對野心的追求帶來的是一系列的嫉妒的憂慮、侵蝕心靈的恐懼和痛苦的失望。

那些為別人的好評而活著的人，周圍還有其他惱人的和令人失望的事情相伴。在它們到來之前沒有人知道它們是什麼樣子，但是一旦它們來到，就會令人極度的煩惱。那種追求名譽的欲望驅動著你，使你變得狂熱，這種欲望還不停的變化，變得越來越強烈。與你追求掌聲和好評的欲望相稱的是掌聲戛然而止時你深深的痛苦的恥辱。如果讚美使你高興，讓你興奮，那麼禁止對你的稱讚會同比例的使你的精神墮落，摧毀你舒適的生活。這樣，你就成了人們中間傳來傳去的一個球，他們想往哪裡扔就往哪裡扔，而且每個人都有這樣的權力。如果願意的話，每個人都能奪走你內心的平靜，而且與付出掌聲相比，人們更容易受到誘惑而給予你責備。一個有野心卻神情沮喪的人是悲慘的，不是因為他的損

第十九章　生活的目標

失很大，而是因為多年來他的想像已經使他的野心在他自己眼中看起來很偉大。我可以指出一個很有前途的人的墳墓給你看，他一生只為榮譽而活。映入他眼簾的第一個清晰的目標是要得到一個政府要職。為了這個目標，他夜以繼日辛勤的工作。他在各個方面都很有才華；但是，在他即將成功的時候，他的一個最親密的朋友感覺到這樣的任命將會妨礙他實現自己野心勃勃的計畫，於是，他插手進來，阻止了該項提名。那個可憐的人回到家，心煩意亂，沮喪至極。那次選舉的失敗當然還不是最嚴重的後果，但他不停的思考這件事，直到它在他眼中變成龐大的難以收拾的後果。這次打擊使他一蹶不振，幾個月後，他走進了墳墓，成為挫折的犧牲品。這樣的追求值得一個人以自己的生命作為代價嗎？難道這就是人生的最高目標嗎？

「不朽的靈魂在面對偉大的事物時，一定要永遠的舉起對凡人的稱讚，或對上蒼的讚美。」

你需要帶著一種目的行事，一種能時刻給予你指導、任何時候不會離開你、還能吸引你整個靈魂的目的。在這樣一種目的引導下，你將能順利的實現生活的偉大目標。

在這裡，你會很自然的問，「有一個不斷為面前的上帝的光輝做事的高標準是否可行？」我的回答是，「當然可行，這毫無疑問。」

狄摩西尼是一個有野心的年輕人。人們認為他沒有什麼原則，但是他將自己的目光停留在名譽上，停留在只用口才就可以控制的大眾的掌聲上。他所注視的目標很高，而且他的目光從未離開過一刻。大自然擺在他面前的困難被戰勝。為了尋找聲望，他付出了自己的心靈，自己的靈魂。他爬上了一座小山，在那裡，幾乎所有的一切都在下滑。他的崇拜者西塞羅告訴我們，他的面前總是有一個關於卓越的標準，廣闊無垠，無法測量。他決定站在狄摩西尼一邊。他辛勤的勞動，艱難的前行，終於獲得了勝利；或許，他登上了榮譽的山頂，站得和他的老師一樣高。我們經常談論那些白手起家、受人尊敬、能建功立業的人。是什麼使他們偉大？是什麼使波拿巴（Bonaparte）成為地球上的一種恐怖？起碼，他將自己的目光落在統治歐洲上，他向那個目標跑去。如果沒有天堂裡萬能的力量使那強壯的人受到拖累，他就有可能實現他的目標。他使自己成為自己的偶像，並一定要讓整個世界向他臣服。

　　每個人的心中都有一個目標，這個目標和他的本性相一致。你是否懷疑自己擁有上蒼所賦予你的力量，並使用這力量將上蒼的光輝變成你人生中的北極星？你是否會為它而生活並實現它？你是否會在行事時上升到一個較高的層次，從而變得強壯？你是否會在個人的信仰方面變得高遠、明亮，

第十九章　生活的目標

並深深刻在自己的心上？

「我應該讓自己的心去追尋世界上的財富和寶藏嗎？」不，死神將很快降臨，緊緊的抓住你，緊得讓你不得不放棄你的財富。你面對眼前的財富深深嘆息，很快你就得閉上眼睛，再也看不到那被稱為財寶的東西了。記住：一夜暴富的人絕不是清清白白的。你可曾想過，你賺取多少財富才會使自己滿足？你那短短的生命的時光，會令那帶著無止境的欲望的靈魂歡呼嗎？答案是否定的。

問問理智。「我應該一心只想著榮譽嗎？我應該尋求其他人的關注嗎？讓他們留意我所做出的這樣或那樣的努力嗎？」你的辛苦努力換來的報酬將少得可憐！如果你成功的吸引了人們的眼球，他們將嫉妒你；如果你沒有吸引他們，你將痛苦、失望。時間的海灘上沒有一座房子能經得起海浪的沖刷而永遠挺立；在這裡，沒有一條路上不留下失望的足跡，沒有一處聖殿不被悲傷侵擾。世間確實有一處為靈魂提供的家，只有遵循上蒼的指引才能找到它。

再與你的良心商討一下。它認為什麼才是生活的偉大目標呢？聽聽它那發自你內心的聲音吧！它告訴你，世界上只有一條純潔的溪流，只有一個目標是高貴的，配得上永恆的精神，那就是得到蒼生的偏愛和友誼；這樣，靈魂就能張開它的翅膀，就連在墳墓上方飛翔時也不會感到恐懼、沮喪，

還不會受到譴責。在人世間走過時，只有一條路是安全的、明亮的、光榮的，那就是為天下百姓謀福祉的路。一直通向輝煌。你若受到誘惑浪費一天或一小時，或者犯下任何一種罪過，忽視了任何一種職責，讓良心站出來說話吧，它將用所有永恆的高尚、神聖的動機催促你為蒼生而生活，在你所做的事情中尋找其中的高尚品德。

我們很自然的喜歡讓我們的靈魂充實的事物。我們盯著那永恆的高山之巔，它巍峨、雄壯充滿了我們的靈魂，於是我們感到快樂；我們注視大海，看那波濤翻滾，聽那嘶啞的聲音，回應著籠罩海面上暴風雨的幽靈。於是，我們感到敬畏，一種莊嚴的情感在心中油然而生。欲望也是如此。心中充滿一種偉大、高貴的目的時，我們會感到一種不可言狀的愉快。那種目的能合情合理的吸引心中的所有情感，點燃靈魂中的每一個渴望。誰曾經建立起過完美的、能滿足靈魂所有欲望的房子？當財富和名望成為所追求的全部目標時，誰曾經擁有過足夠的財富和名望呢？在這裡的慶賀又曾使誰熄滅了欲望的火焰？誰曾經讓世俗的目標占據整個內心，在追求目標的過程中，片刻不得安寧？但當為蒼生福祉的光輝理想充滿了靈魂，目光落在人生的偉大目標上時就不是這樣了。你的靈魂離它渴望的目標越來越近時，你將感覺不到羨慕、嫉妒、沮喪。擁有欲使人期望更多，於是欲望不斷增

第十九章　生活的目標

長，由此看來，罪惡和天賦之間沒有任何關係。

誰能不或多或少的感覺到邪惡的負擔呢？讓蒼生福祉成為你生活的目標吧，然後你就不會像現在這樣糟蹋自己的生活了。當靈魂一定要將某些東西強加於現在的滿足感時，生活的言語總因憂慮而哽咽，被野心關在門外，受到嘲笑。當你的心中盛裝著這個世界，並為由此帶來的獎賞而生活的時候，你的情緒就能夠完全掌握你，程度超過任何時候。在一天結束的時候，你是否為這一天中的敗筆而扼腕痛惜？試圖祈禱時，你是否為自己那冷酷無情、充滿恐懼的內心感到惋惜？你是否為你和生活的陽光之間那滾滾而來的烏雲感到悲哀？讓你的內心充滿美好，將邪惡拒之門外吧！

你需要一種原則，引導你走向積極和幸福。你的理智和良心可能會決定你應該為了人類的福祉而生活。有時候，你可能被喚醒，但是，那喚醒你的力量卻並不是始終如一、穩定不變的。你需要一種原則，使你活到老，學到老。你的生命短暫，一生中的時日有限。每一次太陽升起和落下，就會有許許多多的人走向死亡，走向永恆。很快就會輪到你。你很快就會知道，你是否應該永遠佩戴王冠，還是應該永遠披著羞恥和輕蔑的外衣 —— 很快就會知道，那王冠有多麼明亮，或者那絕望有多麼深切。永恆世界的一切報酬將很快向你湧來，於是，你需要一個原則在你心中長久的存在，使你

有責任感，積極、勤勉、克己，能夠擴大自己的影響，使你的性格更加剛強，你的生活充滿希望。

出於各種理由，你希望看到自己努力的結果；但是，在你策劃的所有事情中，你卻不能實現所有計畫。你可能下定決心要變得富有，但死的時候卻仍然是個窮光蛋。你可能嚮往優秀與卓越，卻一直沒有達到。你可能為快樂而嘆息，但是，盛裝快樂的每一個杯子都可能被打碎，每一個希望都可能離你而去。你身邊的一切都可能拋棄你，躲避你的控制。如果你與蒼生百姓一起生活，情況就不一樣了。你可以在蒼生中貯存財富，一天天累積，而且這些財富永遠都不會背叛你。然後，你所供養的窮人，你所探望的病患，你所庇護的陌生人，你所寬慰的苦命人，都會聚集在你周圍，歡呼著稱你為他們的恩人。

你應該按照良心認可的那些原則行事，不管什麼時候、什麼情況都應如此。你是否知道，在一天結束之時，坐下沉思，讓某些東西留意著你的靈魂，讓一片雲彩停留在你和那慈悲的寶座之間，會是什麼樣子？你是否知道，當夜晚時分，你躺下回顧逝去的那一天，甚至幾天，還找不到記憶中可圈可點的快樂和歡愉，將是什麼樣子？你是否知道，當鐘聲敲打著驅走夜晚時，你頭枕枕頭，感受著良心的懲罰，內心陣陣痛楚，會是什麼樣子？你之所以考慮這些是因為你的

第十九章　生活的目標

良心在堅守崗位並對靈魂負責。你難道不是這樣時不時的與自己的內心交流嗎？但是，如果你內心平靜、與世無爭，即使你處在最艱難的時刻，你的良心仍能撫慰你，使你感到舒適，為你的靈魂帶來希望。沒有哪個朋友能提供平靜的存放良心的空間。人們願意付出他們的財產和時間去苦修，甚至付出生命的代價使良心得到撫慰。路德的名字永遠不會消失，有些人的名字也不會；成千上萬邪惡的人活著時擁有同樣的或更多的影響力，死後卻被人們永遠的遺忘。但是，你一定希望得到來自天堂的讚許。儘管天使們的數目多得數不清，他們的聲音也多得數不清，儘管他們享受著完美的知識，完美的神聖，完美的天堂之樂，他們還是乘著雲彩見證了你的人生之旅。他們俯身細看你奔向天國的那條小路。如果得到了所有朋友的稱讚和許可，誰會不受到鼓舞呢？但是，你能得到好得多的東西。你能得到所有被救贖者的讚許；這是永遠的，而不是短短的一個小時、一天、一週或一年！

親愛的年輕朋友，我現在要對你說，為了你，也為了這個需要你的影響力、你的最高尚、最聖潔而努力為之奮鬥的世界。其他人可能會談論慈愛和善行；但是，除了那些思想開化、心中不斷追求真理的人，還有誰能將自己的心思和精力用於拯救這個世界呢？到底是誰建造了第一家小有名氣的醫院？誰表達了為整個社區成立免費學校的想法？誰將文

明引進，並在荒蠻社會中傳播？誰打破了身體和思想上的枷鎖，為人類創造了公民自由？誰曾經付出朝氣蓬勃的、系統的、堅持不懈的努力來傳播對自由的探索，給予無知者指導，令思維活躍，提升全人類的智力水準和道德品格？他們便是開明的進步的人。他們心中只有全人類的福祉。在我們國家的年輕人當中，在那些處在培養個人修養、進行自我約束進程中的人們中間，我們在尋找這樣一些具備某種精神的人，將這種精神和理想帶到其他的國家，為全人類帶來好處。那麼，我們學校中的年輕人，你們受過良好教育的青年將是背負使命的這樣的菁英。

可能每次當思維看起來筋疲力盡，你都自告奮勇的幫助緩和事態，這樣一個幾英里長的傷疤可能變小、消失。於是，時間與空間的概念被打破，以至於一個橫跨大洲的旅行只需要短短的一個星期，就像一次愉快的遠足。大自然似乎向苦難屈服，風雨、潮汐、高山、峽谷根本就不再是人類前行途中的障礙。你每次冒險做那些你認為是很值得的事情時，是你的朋友幫你打氣，舉起你那垂落的雙手，鼓舞你那下降的士氣，分擔你的重負，為你的成功欣喜。你的面前是以往的歷史和經歷，你的腳下躺著的人恰好就是追求榮譽、光輝和永恆的例證，當然，也是死亡的例證。個體和國家的品性走向成熟，變得偉大。做自己應該做的事情。

第十九章　生活的目標

　　繼續前行吧，我親愛的年輕朋友們！奮勇前行吧！讓你的力量、你的一切能力、你的精力、你的心靈等所有的東西在你當下的日子明亮又輝煌；等待你的田野潔白又充滿；與你同行的夥伴全副武裝且強壯無比；美麗的山巒將是你的雙腳，不管到了哪裡，它們都傳送著慈悲的訊息。世界的狀況就是這樣，很大程度上取決於人們的行為，好像周圍的一切在對每一個人大聲的說，「做事情！」「做事情！」「做事情啊！」讓你的心靈為此孜孜不倦的努力吧！

官網

國家圖書館出版品預行編目資料

瑞典隆德大學副校長卡爾‧沙利葉談人生：衝突的忠誠、困境的功效、生活的節奏、時間的重要性，布魯斯獎得主致每一位年輕人 / [瑞典]卡爾‧沙利葉（Carl Charlier）著，王瀠萱 譯 . -- 第一版 . -- 臺北市：崧燁文化事業有限公司 , 2023.03
面；　公分
POD 版
譯　自：Carl Vilhelm Ludwig Charlier on education
ISBN 978-626-357-143-3(平裝)
1.CST: 沙利葉 (Charlier, Carl Vilhelm Ludwig, 1862-1934) 2.CST: 學術思想 3.CST: 教育哲學
520.11　112000577

瑞典隆德大學副校長卡爾‧沙利葉談人生：衝突的忠誠、困境的功效、生活的節奏、時間的重要性，布魯斯獎得主致每一位年輕人

臉書

作　　者：[瑞典] 卡爾‧沙利葉（Carl Charlier）
翻　　譯：王瀠萱
發 行 人：黃振庭
出 版 者：崧燁文化事業有限公司
發 行 者：崧燁文化事業有限公司
E - m a i l：sonbookservice@gmail.com
粉 絲 頁：https://www.facebook.com/sonbookss/
網　　址：https://sonbook.net/
地　　址：台北市中正區重慶南路一段六十一號八樓 815 室
Rm. 815, 8F., No.61, Sec. 1, Chongqing S. Rd., Zhongzheng Dist., Taipei City 100, Taiwan

電　　話：(02)2370-3310　　傳　　真：(02) 2388-1990
印　　刷：京峯彩色印刷有限公司（京峰數位）
律師顧問：廣華律師事務所 張珮琦律師

定　　價：375 元
發行日期：2023 年 03 月第一版
◎本書以 POD 印製